大師教你 西洋占星術

乾坤子◎著

前言

人類觀測記錄天文星象的結果，雖然造成了天文學之文明，但是也意外的發現天文星象影響著人類命運的占星術。由於歷史考證上的困難，我們無法考證我國古代的占星家（天官）是自成體系，或者是受到「美索不達米亞」古代文明之影響，但知在漢朝張騫、班超出使西域，促成東西文化之交流，因此我們現在看到東西方的占星術有許多雷同、相似之處，並沒有什麼值得詫異的。

占星術的語源出於希臘語（**Astrologia**），是星星和聖語（**Logos**）結合而成的，和天文學有相同意義，如眾所知，自然界各種現象非常神祕，均受到天體運行的影響。

而且做為天體之一，出生於地球上的人類其性格和命運，也會受到天體運行的影響。

星星的運行及受其影響的自然界和古代人類生活各具有密切關係。時代和場所雖然有所不同，但占星術不論西方、東方，一直保持著不同的型態，發展至今。

本書所使用的係西洋占星術，它起源於人類文明發生地之巴比倫、亞述國原始宗教中。

使我們很容易想像得到的是住在底格里斯、幼發拉底兩河流域，受到自然現象（例如火山爆發、地震、洪水、風害等）之威脅的古代民族文明中，把原始宗教和這些天然現象視同一樣的事實。

這種歷史上過程，在古代文明發祥地，例如中國、印度、埃及等民族占星術歷史上也可以明顯地看到。

這些古代民族，最初把占星術視為原始宗教，判斷洪水、旱災以及其他飢餓、病痛、死傷、凶作等自然和人類的命運，並決定應對的方針，然後跟著文明的進展，把它和天文學、數學結成一體，在沒有望遠鏡的時代，已能用肉眼觀測天體，把結果畫成一種天體配置圖。

公元二世紀時代，出現一本最早的占星術書籍《迪持拉比勃洛斯》，它成為今天人們研究西洋占星術的辭典。

換句話說，文明跟著時代而成長發展，根據各時代的文明研究，開發的占星術中有些受到近代科學的天文學、數學影響，更加進步和發展了。

如今，經一九二〇年的國際天文聯合會，將天上的星座分為八十八座。但在二世紀時，曾有占星學的權威庫羅地所斯．托勒密將星座分為四十八座，這就是大家熟悉的托勒密星座。

但在古代，人類發現日月五星之運行，在天體上恍如有一條無形的道路，其所運行通過的道路有一定的叢辰星座，於是假稱此一運行路線為「黃道」，而依月分劃分為十二宮，依此劃分「十二星座」與「廿八星宿」。

而當我們把西洋占星術，或稱為「黃道十二宮占星術」，拿來與我國的占星術「紫微斗數」的前身之「果老星宗」、「琴堂五星」、「七政四餘」……等占星術比較，我們非常意外而驚訝的發現，東西方占星術幾乎如出一轍、大同小異。

筆者曾經懷疑我國古代占星術是否已經受到西洋占星術之影響，譬如果老星宗之太陽過宮法，以每月中氣過宮，正與本書之以十二中氣分十二星座之方法相同，彷彿二術之間可以互相溝通，故嘗取堃元先生編著之《新編果老星宗》比較，二者雷同、相似之處有很多，多得使筆者想像，古代東西文化曾經交流？

本書曾以《占星大師自己做》為名出版，深受讀者歡迎。今改版以更精緻的精裝本方式上市，相信對於喜愛西洋占星的朋友來說，一定能有很大的幫助。

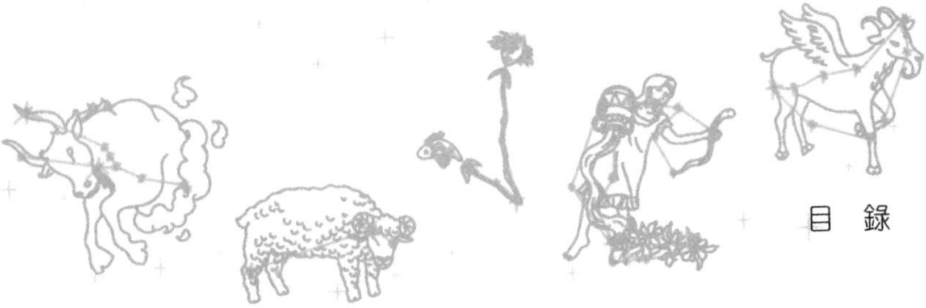

目錄

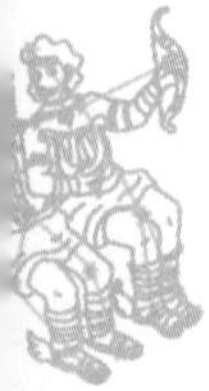

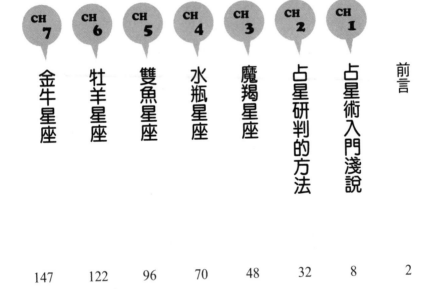

第一章

占星術入門淺說

古人觀星而發明占星術，認為天文星象主宰人類之性情及命運，經過長期之觀測、記錄、修正，終於成為新奇玄奧而迷人之占星術，以之判斷人類宿命，其正確率和命中率使人瞠目結舌，所以特為入門淺說。

第一節 十二星座

古人發現太陽環繞「黃道」，每年有十二個月，於是劃分為十二宮分，每一宮分俱取一星座代表之。

☆ 十二星座（Twelve SignS）：

天蠍座（Scorpio）：即果老星宗的大火宮。

十月廿四日～十一月廿二日生。

【性格】

陰鬱、守祕密、探究力強、熱情、做事沉著、關心性的魅力。

守護星——冥王星。

射手座（Sagittarius）：或作人馬座；即果老星宗的析木宮。

十一月廿三日～十二月廿二日生。

【性格】

發展、尊重知識的自由、喜愛速度、做事積極、行動率直、樂天、雙重性格。

守護星——木星。

魔羯座（Capricorn）：或作山羊座；即果老星宗的星紀宮。

十二月廿三日～一月廿日生。

【性格】

陰鬱、堅實、冷靜、禁慾、忍耐心強、步步為營、貪心。

守護神——土星。

水瓶座（Aquarius）：或作寶瓶座；即果老星宗的玄枵宮。

一月廿三日～二月十九日生。

【性格】

理想主義、進步的、飛躍型、愛自由、博愛、友情濃厚。

守護星——天王星。

雙魚座（Pisces）：或作南魚座；即老星宗的娵訾宮。

二月廿日～三月廿日生。

【性格】

夢幻的、空想型、親切、羅曼蒂克，有精神、肉體的兩性性格、富有靈感。

守護星——海王星。

牡羊座（Aries）：或作白羊座；即果老星宗的降婁宮。

三月廿一日～四月廿日生。

【性格】

積極、進取、攻擊、主張自己意見、勇敢、肯努力上進。

守護星——火星。

金牛座（Taurus）：即果老星宗的大梁宮。

四月廿一日～五月廿一日生。

【性格】

愛求美、調和、安全，為人頑固、有獨佔慾望和抵抗能力。

守護星──金星。

雙子座（Gemini）：即果老星宗的實沉宮。

五月廿二日～六月廿一日生。

【性格】

雙重性格、為人機警、善辯、善於交際、多才多藝。

守護星──水星。

巨蟹座（Cancer）：即果老星宗的鶉首宮。

六月廿二日～七月廿三日生。

【性格】

母性型、情緒豐富、善於防衛自己、敏感、愛護家庭、流浪。

守護星——月亮。

獅子座（Leo）：即果老星宗的鶉火宮。

七月廿四日～八月廿三日生。

【性格】

熱情、有良好創造力、有威力、充滿男性熱力、做事光明正大。

守護星——太陽。

處女座（Virgo）：或作室女座；即果老星宗的鶉尾宮。

八月廿四日～九月廿三日生。

【性格】

做事仔細、感覺力銳敏、辨別力強、批判力強、辦事力強、做事稍消極、現實。

守護星——水星。

天秤座（Libra）：即果老星宗的壽星宮。

九月廿四日～十月廿三日生。

【性格】

喜愛平衡、善於合作、做事公平、善於交際、出爾反爾、愛好美的氣氛。

守護星——金星。

☆黃道十二宮星座（陽曆）

牡羊	三月廿一日～四月廿日
金牛	四月廿一日～五月廿一日
雙子	五月廿二日～六月廿一日
巨蟹	六月廿二日～七月廿三日
獅子	七月廿四日～八月廿三日
處女	八月廿四日～九月廿三日
天秤	九月廿四日～十月廿三日
天蠍	十月廿四日～十一月廿二日
射手	十一月廿三日～十二月廿二日
魔羯	十二月廿三日～一月廿日
水瓶	一月廿一日～二月十九日
雙魚	二月廿日～三月廿日

☆十二月將（太陽過宮）

牡羊	春分	二月戌將
金牛	穀雨	三月酉將
雙子	小滿	四月申將
巨蟹	夏至	五月未將
獅子	大暑	六月午將
處女	處暑	七月巳將
天秤	秋分	八月辰將
天蠍	霜降	九月卯將
射手	小雪	十月寅將
魔羯	冬至	十一月丑將
水瓶	大寒	十二月子將
雙魚	雨水	正月亥將

第二節 十二星座保護神

黃道十二星座支配著其時間出生人命之個性，大抵為顯性之個性。

在另一方面，十二星座宮位又象徵一天「十二時辰」，於是沿襲於西洋的守護神傳說，想像十二星座各有其守護神。

但在古代人類占星意識裡，只有日、月、金、木、火、水、土七曜，於是又把神話人物海神、天空之神、冥界之神湊合成為「十」數，但此「七星三神」不能各守一宮，故有金、水二內行星守護宮，彷彿暗示水星不離太陽之左右，金星或晨出或昏現。

因此每一星座有一守護神，守護神賦予人命潛在之個性，尤其是該主宰時辰出生者，更能發現此等潛在性格明顯化。（由於出生時辰甚為複雜，故本書割捨不贅。）

冥王星：

「PLUTO」勃爾特，冥界之神。
表示神祕、黑暗、死亡、再生等意義。
暗示黎明前之黑暗，大地回春前之寒凍。
陰性之星，為天蠍星座守護神。

木星：

「JUPITER」邱比特，愛神，羅馬神話中之最高主神。
象徵真理、雙重性格、多才、多情等意義。
射手星座的守護神。又為「3」的數靈神，含有「獨立、向上、本能」之性格。遍歷（飄蕩）之星。

土星：

「SATURN」撒旦，魔鬼。

表示勞動、孤獨、抑制、忍耐、努力等意義。

勤勞之星，為魔羯星座守護神。又為「8」的數靈神，含有「冷靜、執著、陰沉」之性格。

天王星：

「URANUS」宇拉諾斯，天空之神。

象徵自由、進步、跳躍、友情等意義。

發明創造之星，為水瓶星座守護神。又為「4」的數靈神，含有「孤獨、推理、變動」之性格。

海王星：

「NEPTUNE」尼普都里，海神，龍王。

象徵空想、包涵力、混亂等意義。

抒情豐富之星，為雙魚座的守護神。又為「7」的數靈神，含有「變化、空想、神祕」之性格。

火星：

「MARS」邁斯，戰神。

象徵戰鬥、熱情、前進、勝利、流血等意義。

武勇雄壯之星，為牡羊星座守護神。又為「9」的數靈神，含有「勇氣、鬥爭、破壞」之性格。

金星：

「VENUS」維納斯，藝術之神。

象徵美麗、性感、和諧、藝術、理想、佔有等意義。

愛情藝術之星，為金牛、天秤座之守護神。又為「6」的數靈神，含有「開朗、調和、活潑」之性格。

水星：

「MERCURY」麥寇萊，商業之神。

象徵雄辯、識別力、適應力、交流等意義。

傳達報導之神，為雙子座、處女座的守護神。又為「5」的數靈神，含有「智能、機智、勤勉」之性格。

月亮（MOON）：

「DIANA」黛安娜，月之女神。

象徵母愛，母性本能（女性化）、情深、流浪等意義。女性美之星，為巨蟹星座之守護神。又為「2」的數靈神，含有「平和、溫和、放蕩」之性格。

太陽（SUN）：

「HELIOS」赫利亞斯，太陽神。

象徵創造、熱情、光明、慷慨等意義。光明之星，為獅子星座守護神。又為「1」的數靈神，為眾星之中心，賦予一切生物的熱源與生命力，含有「威嚴、愛情、權力」之性格。

左述為十二星座之守護神，表示十二星座之生命的潛在性格，雖然非常接近我國「紫微斗數推命術」的命主星潛在性格之意義，但二者又有所差異，而十二星座守護神之出處，甚為接近我國「射手五星五行」之意義，故亦附比較表以供參考——

☆十二星座守護神與星命比較表

十二星座	守護神	五星五行	紫微斗數命主
卯 天蠍	冥王星	火星	文曲 水星
寅 射手	木星	木星	祿存 土星
丑 魔羯	土星	土星	巨門 水星
子 水瓶	天王星	土星	貪狼 木星
亥 雙魚	海王星	木星	巨門 水星
戌 牡羊	火星	火星	祿存 土星
酉 金牛	金星	金星	文曲 水星
申 雙子	水星	水星	廉貞 火星
未 巨蟹	月亮	太陰	武曲 金星
午 獅子	太陽	太陽	破軍 水星
巳 處女	水星	水星	武曲 金星
辰 天秤	金星	金星	廉貞 火星

☆ 十二星座保護神

天蠍	冥王星	PLUTO
天秤	金星	VENUS
處女	水星	MERCURY
獅子	太陽	HELIOS
巨蟹	月亮	DIANA
雙子	水星	MERCURY
金牛	金星	VENUS
牡羊	火星	MARS
雙魚	海王星	NEPTUNE
水瓶	天王星	URANUS
魔羯	土星	SATURN
射手	木星	JUPITER

第三節 十二星座四象

西洋占星術類似於子平、斗數等數術之論「十二地支」三合而論「四象」。

蓋人生於大地，觀察自然界現象，大抵取「水、火、風、地」四象為重，並認為星座之中亦必蘊含此一意義，於是想像為人際相處所可能表現之性格，此一性格介於顯性與隱性之間，故亦不可不察也。

一、火象星座：

射手座（寅）、獅子座（午）、牡羊座（戌），此三星座成三合狀況，俱稱為火象星座，或稱火象宮位。

凡生火象星座者，待人熱忱、尖銳，並有好勝、競爭之性格，往往有脾氣暴躁、情緒不穩定之傾向。

筆者按：寅午戌三合火，火主禮，禮者，麗也。

二、地象星座：

魔羯座（丑）、處女座（巳）、金牛座（酉），此三星座亦呈三合狀況，俱稱為地象星座，或稱為地象宮位。

凡生地象星座者，待人現實，為人注重實際，性格沉穩，情緒穩定，有容忍之氣量。

筆者按：巳酉丑三合為金局，此或為翻譯解釋之不同，但在基本理論上，東西占星術似仍有相通之處。巳酉丑三合金，金主義，義者，宜也。

三、風象星座：

雙子座（申）、水瓶座（子）、天秤座（辰），此三星座亦呈三合狀況，俱稱為風象星座，或稱為風象宮位。

凡生風象星座者，為人理智，善交際應對，待人隨和。

筆者按：申子辰三合為水局，此又為東西占星術解釋不同之處。申子辰三合水，水主智，智者，知也。

四、水象星座：

雙魚座（亥）、天蠍座（卯）、巨蟹座（未），此三星座亦呈三合狀況，俱稱水象星座，或稱為水象宮位。

凡生水象星座者，為人重情，喜歡旅遊，甚至容易有居無定所、飄蕩流動之傾向。

筆者按：亥卯未三合木，木主仁，仁者，情也。

後述十二星座四象，表示待人處事之性格，更配合前述十二星座之顯性性格及星座守護神之潛性性格共同合看而研判一個人之性格也。

☆ 十二宮四象

寅宮	射手座	火
卯宮	天蠍座	水
辰宮	天秤座	風
巳宮	處女座	地
午宮	獅子座	火
未宮	巨蟹座	水
申宮	雙子座	風
酉宮	金牛座	地
戌宮	牡羊座	火
亥宮	雙魚座	水
子宮	水瓶座	風
丑宮	魔羯座	地

第二章 占星研判的方法

第一節　確定出生星座

西洋占星術之首要，即是確定出生之星座所在，相當於「果老星宗」之確定日躔度數，唯二者所使用依據，前者以陽曆，後者以陰曆（實際以十二中氣）為依據。

觀之陽曆一年三百六十五又四分之一天，相近於周天三百六十度，幾乎每一天，太陽行一度，占星術以此約計之。並平分十二宮，一宮各三十度，相當一月之平均日數。

前一章第一節所示，即為日躔所在，換句話說，就是每年的某一天至某一天，太陽運行於其星座，例如有一月六日生者，太陽行至丑宮魔羯座，則此日生者為魔羯座之命，其性格可依前述綜合判斷之。

但考十二月中氣，用陽曆雖然非常簡便，但有時也有一、二日之誤差，所以不妨參考陰曆之中氣計算之。

譬如，有民國三十二年一月六日生者，約計日躔如下：

1．太陽於十二月廿三日行入魔羯座一度。

2．十二月有九天，一月有六天，共十五日度，則本命日躔丑宮十五度，是為魔羯星座之人。

3．考民國三十一年冬至為十二月廿二日，比約定之十二月廿三日早一天，但此對於個性之判斷影響不大，故不必刻意精求細算。

又如，有民國三十一年八月廿三日生者，約計日躔如下：

1．太陽於七月廿四日至八月廿三日在獅子座，是如日躔獅子座三十度。

2．考本年於八月廿四日（即農曆七月十三日）凌晨兩點五十九分初交入處女座一度，唯在丑時以前生者，其日躔仍在獅子座三十度，以後生者才作處女座一度。

3．類似此一日而分開各處不同星座者，必須依十二月中氣來決定。

第二節 觀察有無受到鄰宮星座影響

西洋占星術彷彿類似於果老星宗，推定日月五星以為判斷人命，尤其是日月之運行甚受注重，前述「確定出生星座」者，即為推定太陽運行所躔星座。

一般而言，太陽躔次影響一個人的基本性格及外在的性格與才能，太陰（月亮）的運行則影響其基本能力及健康與內在的性格。

但是因為太陰之運行計算比較複雜困難，一般占星術入門都不介紹太陰之躔次及意義，只是簡單的介紹十二星座而已。

觀之，日月之運行，太陰運行迅速，平均每一個月運行一周天，幾乎每天運行約十三度，因此日月在某星座相會，其人之內外性格及才能最能表現該星座之特性。

不過由於月亮躔次，有一些時候還在前一星座，有一些時候已經到了後一星座，於是聰明的古人認為，將每一星座的月分天數三等分，前十天還受到前一星座之影響，中間十天則只強烈表現本宮之特性，後十天則又受到次一星座之影響，今特附表以供便覽——

星座	生辰	三分生辰	鄰宮星座
天蠍	十月廿四日至十一月廿二日（共三十天）	10/24~11/02（十天）	天秤星座
		11/03~11/12（十天）	
		11/13~11/22（十天）	射手星座
射手	十一月廿三日至十二月廿二日（共三十天）	11/23~12/02（十天）	天蠍星座
		12/03~12/12（十天）	
		12/13~12/22（十天）	魔羯星座
魔羯	十二月廿三日至一月廿日（共廿九天）	12/23~01/01（十天）	射手星座
		01/02~01/11（十天）	
		01/12~01/20（九天）	水瓶星座
水瓶	一月廿一日至二月十九日（共三十天）	01/21~01/30（十天）	魔羯星座
		01/31~02/09（十天）	
		02/10~02/19（十天）	雙魚星座

雙魚	二月廿日至三月廿日（平年共廿九天）	02/20~02/28（九天）	水瓶星座
		03/01~03/10（十天）	
		03/11~03/20（十天）	牡羊星座
牡羊	三月廿一日至四月廿日（共卅一天）	03/21~03/31（十一天）	雙魚星座
		04/01~04/10（十天）	
		04/11~04/20（十天）	金牛星座
金牛	四月廿一日至五月廿一日（共卅一天）	04/21~04/30（十天）	牡羊星座
		05/01~05/10（十天）	
		05/11~05/21（十一天）	雙子星座
雙子	五月廿二日至六月廿一日（共卅一天）	05/22~05/31（十天）	金牛星座
		06/01~06/10（十天）	
		06/11~06/21（十一天）	巨蟹星座
巨蟹	六月廿二日至七月廿三日（共卅二天）	06/22~07/01（十天）	雙子星座
		07/02~07/12（十一天）	
		07/13~07/23（十一天）	獅子星座
獅子	七月廿四日至八月廿三日（共卅一天）	07/24~08/02（十天）	巨蟹星座
		08/03~08/12（十天）	
		08/13~08/23（十一天）	處女星座
處女	八月廿四日至九月廿三日（共卅一天）	08/24~09/02（十天）	獅子星座
		09/03~09/12（十天）	
		09/13~09/23（十一天）	天秤星座
天秤	九月廿四日至十月廿三日（共三十天）	09/24~10/03（十天）	處女星座
		10/04~10/13（十天）	
		10/14~10/23（十天）	天蠍星座

註：凡遇閏年，二月有二十九天，即於雙魚座增加一天。

第三節　星座間距離影響人際相處

凡人生俱因所屬星座而有其相屬性格之相近或不同，於是產生各星座間隔距離角度，可以判斷人際相處的好壞狀況，並且有其相當之準驗性。

一般研判方法，把各宮位當作三十度，凡三合之星座為相處融洽之星座，大約以相間隔一百二十度為最投合、融洽狀況。

譬如您的生日為二月十五日生，有一朋友生於六月十六日，大概以相差一天為一日度約計，二月十五日至六月十六日相差一百二十日，即為三合狀況，您倆必然投合而相處愉快。

又如您的生日是八月十日，對方是十二月十六日，兩人相距一百二十六天，大抵兩人的性情仍很投合，一樣是相處融洽的狀況。

假如您的生日是八月十三日，對方是十二月一日，兩人相差一百十一天，大概由於星座間隔角度不理想，往往相處不愉快或缺乏契合度。

星座與星座的間隔距離，前述附圖已有表示，唯恐您粗心忽略，特別再附圖以為表示之。

黃道十二宮

黃道周天度數三百六十度，以日行一天一度約計，凡三百六十五又四分之一天運行一周而為一年。

劃分黃道十二等分，一分同一月，各佔三十天度。

據說西洋古曆以三月廿一日春分點為一年來復之始，大抵自牡羊座計算日度。

有關星座間距之影響人際相處，大抵以相同星座相屬，即三合狀況星座相屬之相處為最投緣，我們以「大吉」表示之。

其次則是沖位約三合狀況星座相屬，雖然性情上有很大之差別，但是具有互相影響及鼓勵協助的意義，往往相互吸引影響，就好像朔望潮汐的情形是一樣的，我們仍然以為相處投緣，但是比三合狀況相屬稍差一點，甚至有時候會發生反作用之負面影響，彼此造成傷害，正所謂：「被我們傷害最深的人，往往是我們最深愛的人。」一般說來，我們還是以為「吉」。

再其次則是本星座之相鄰星座，或者對宮星座及其兩鄰之影響，由於本星座相屬之受到兩鄰星座相屬之影響，則在某些事物的處理或人生見解上，有若干相似、相同之處，因此而成為朋友或交易之伙伴，但於其他各方面則傾向於現實，所以我們以「普通」來表示之。

除了上述之星座間距而外，即相距九十一度至一百二十度（或兩百四十一度至兩百七十度）者，與本星座相屬不發生直接關係，大多看不順眼而不能成為朋友，即或透過其他關係而認識，也只是想要利用我們而有害於我們，所以以「凶」表示之。

茲附表以供參考——

☆星座相距關係吉凶便覽

星座	大吉	吉	普通	凶
天蠍星座	天蠍座 巨蟹座 雙魚座	金牛座 處女座 魔羯座	牡羊座 雙子座 天秤座 射手座	水瓶座 獅子座
射手星座	牡羊座 獅子座 射手座	雙子座 天秤座 水瓶座	金牛座 巨蟹座 天蠍座 魔羯座	處女座 雙魚座

金牛星座	牡羊星座	雙魚星座	水瓶星座	魔羯星座
金牛座 處女座 魔羯座	牡羊座 獅子座 射手座	巨蟹座 天蠍座 雙魚座	雙子座 天秤座 水瓶座	金牛座 處女座 魔羯座
巨蟹座 天蠍座 雙魚座	雙子座 天秤座 水瓶座	金牛座 處女座 魔羯座	牡羊座 獅子座 射手座	巨蟹座 天蠍座 雙魚座
牡羊座 雙子座 天秤座 射手座	金牛座 處女座 雙魚座 天蠍座	牡羊座 獅子座 水瓶座 天秤座	巨蟹座 魔羯座 雙魚座 處女座	雙子座 射手座 水瓶座 獅子座
獅子座 水瓶座	巨蟹座 魔羯座	雙子座 射手座	金牛座 天蠍座	牡羊座 天秤座

雙子星座	巨蟹星座	獅子星座	處女星座	天秤星座
雙子座 天秤座 水瓶座	巨蟹座 天蠍座 雙魚座	獅子座 牡羊座 射手座	處女座 金牛座 魔羯座	雙子座 天秤座 水瓶座
牡羊座 獅子座 射手座	金牛座 處女座 魔羯座	雙子座 天秤座 水瓶座	巨蟹座 天蠍座 雙魚座	牡羊座 獅子座 射手座
金牛座 巨蟹座 天蠍座 魔羯座	雙子座 獅子座 射手座 水瓶座	巨蟹座 處女座 雙魚座 魔羯座	牡羊座 獅子座 天秤座 水瓶座	金牛座 處女座 天蠍座 雙魚座
處女座 雙魚座	牡羊座 天秤座	金牛座 天蠍座	雙子座 射手座	巨蟹座 魔羯座

第四節　注意歲差之調適

研究西洋占星術，就好像研究「果老星宗」一樣，由於源遠流長，無法考證其源流，更且發現了歲差的偏差率。太陽約每七十二年有一天度之逐漸向西偏移之現象，換句話說，大約每兩千一百六十年左右就發生一宮位的偏差，因此現在研究西洋占星術者，大多相信春分點已由牡羊座移到西鄰的雙魚座，秋分點也從原來的天秤座移至處女座了，意思是說，西洋占星術大約已有兩千多年的歷史，表示春分點第一宮位的牡羊座，現在變成了第二宮位的「穀雨」時分了。

事實是不是這樣呢?

試看天蠍星座的守護神勃爾特「PLUTO」，同時代表著死亡和再生的意義，透過我們所瞭解的「冬至」含有此一意義，那麼西洋占星術很可能以此為一年的開始，意思是說日躔牡羊星座而照射天蠍星座的時候，就是一年的開始了，也就是日躔「春分點」為一年的開始了。

現在已知牡羊座為「春分」，那麼魔羯座即為冬至，巨蟹座為夏至，天秤座為秋分。

再看水瓶座只有廿八天或廿九天，日行一日一度有餘，大約相當於冬至以後，而巨蟹座有卅二天，日行最遲，大約相當於夏至以後，則可以想像西洋占星術有許多地方與果老星宗相當，甚至於連十二宮位的「中氣」意義都相當接近，那麼歲差的調適又不免發生困惑了。

依據冥界之神勃爾特代表死亡與再生的意義猜想，假定所指為「冬至」，則有占星術已由太陽西移九十度左右，大約已有六千多年以上之歷史，與我國傳說黃帝時代以前已有曆法，非常接近。

旁考「果老星宗」之「冬至箕四逼」、「春分壁三遊」而想像，則「果老」春分點在壁三度（亥宮廿四度），比西洋占星術「春分」在牡羊座（戌宮），最少遠比西洋占星術更早四、五百年光景，但是由於「果老星宗」很可能早已受到西域「廿八星宿善惡曜經」之影響，我們又無法自圓其說。

因此我們現代研究西洋占星術，不妨先假定其在「格里哥里曆法」（參考「新編果老星宗」）完備以後所考定，那麼我們現在所見之西洋占星術，大約只有四百餘年六度左右之歲差，除了在前後六度的歲差率範圍內，不必特別用心調適考證了。

不過占星術終究是一門玄奧的學術，既然大多數學者專家皆認為必須西移一宮位，我們於研究時，不妨謹記於心並試驗之！

第三章

魔羯星座

十二月廿二日～一月廿日

魔羯星座，相當於「星紀」之次，相當於陽曆十二月廿三日，於時為冬至。

太陽大約於十二月廿三日至一月廿日，約一個月間停於魔羯座。此時期是夜間最長、日間最短的季節，也是陰暗和沉悶之時。

魔羯座的性格中，有獨立、獨行、自負的個性。並具有不受動搖的強毅、堅實、堅定的精神。

而且魔羯座的人，受到（守護星土星）惡魔撒旦的影響，性格稍陰沉，有不許他人侵犯的閉鎖主義性格。反之，有忍耐、堅實、做事負責勤勉的性格。

經濟觀念很堅定，就是這種性格的表現。

第一節 魔羯星座的性格

此星座出生的人，性格與別人有所不同。並不是朋友少，而是好惡特別分明，所以別人的批評也是極端的評語。

多才多藝，但不會留下財產。夫妻也比較不相配。結婚運並不壞，但因所好不同，很容易使妳的朋友們感到，那麼美的人，為什麼和醜男人在一起……

因聰明而內心裡很堅定，很不容易說服，輕易能看出別人的心事，所以是很難控制的人。

一、表現性格

您的外觀很溫和，有謙讓的美德。其實，您的性情格外的堅強，甚至近於頑固程度，在他人眼裡，您是一位很認真做事的人。

雖然體型瘦小，但是有如鋼鐵一般的強韌性格，是魔羯座的特點。

魔羯座人的骨骼嶙峋，給人的印象當然沒有圓潤豐滿的感覺，但他的骨骼之強韌和精悍則流露於性格之中。此類人不輕易流露喜、怒、哀、樂之情，在他人眼裡，他是一個和常人稍有不同的奇人形態。

由於您很會抑制自己、做事慎重，因此，對於他人，您也要他們向您看齊。討厭做事隨便，一步一步堅堅實實的做，努力不懈，這是您對人生所抱持的態度。除堅實做事外，您尚具有上進心，並有很多理想在您的心中，不斷在燃燒。

雖然您的速度比他人差了一點，外型不揚，但您會不斷努力，達到您的最後目標。

二、分類性格

現在把魔羯座分為三種類，以十天為一區分，就會發現具有稍稍不同的性格。

◎第一類（十二月廿三日～一月一日）

性格受到前面的射手座影響。自由、理想、快樂，具有擴張形態，富有機智，多才型。並具有一小部分的巨蟹座性格。

其特點為：母性型、情緒柔和、感覺力纖細、神經敏銳。

◎第二類（一月二日～一月十一日）

具有魔羯座的標準性格。並接受一小部分金牛座影響，態度沉靜，性格激烈。另一方面，追求美、快樂，佔有欲強。

◎第三類（一月十二日～一月廿二日）

具有水瓶座性格和一部分的處女座性格。喜歡追求理想，創造新思想，智能、感覺力豐富，具有服務精神。

第二節 魔羯座的命運趨勢

魔羯座的人，一生中一個人自己受苦，並用強度忍耐心，一一克服自己命運。

牡羊座的人揭櫫他們的理想勇往直前，獅子座的人威風凜凜，態度快樂，但魔羯座人以孤獨的步伐，一步一步前進。

律己嚴謹，重視禁慾生活。父母、兄弟緣分較薄，自幼就過著孤獨生活的為多，因而養成獨立的精神，不願依靠他人過活。

計畫遠大，步步為營，不焦急，是腳踏實地型。在中年以後能有所成就，原因在此。有些人環境雖不錯，但是不會以此滿足，常向著更高目標，刻苦勉勵自己。

如果，您在人生路中遇到蹉跎，那麼，您若不是太過於固執您自己的步伐，便是太過於重視現實，缺少夢幻生活，自視過大、排斥他人是必須注意的兩種缺點。您要重視您的命運和個性，並預防上述缺點，才是您最聰明的生活方式。

第三節 魔羯座的職業和財運

魔羯座的您，是以不斷的努力、勤勉，為完成工作而努力不懈的人物。責任感特強，獨立獨步型，做事很認真，重實際，有忍耐和順從之力，能完成自己的工作，職業都能勝任愉快，而且還具有管理事務的才能。

但是，很討厭不守秩序、做壞事的人，幾乎到達無法通融的程度。

喜歡一個人默默地做事，不過，也有合群之力，能和他人合作和交際，也能擔任和事佬。

◎您的適宜職業

律師、占卜師、音樂家、宗教家等等，還能擔任農、商、公司職員。不過您還是在自由職業方面才能發揮您的實際能力，您的創造力特優，雖然不為一般人所知，但您能享受這種樂趣，是您的生活上的一大幸福。

◎您的財運略判

您是勤儉、不亂花錢的人，和儲蓄有緣，積少成多，財運不錯。但您不是那種一夜之間成鉅富的人物。

您是勤勉腳踏實地的人物，絕不會夢想「一獲千金」之事，因此投機和賭博生意絕不是您可以涉足的。

第四節 魔羯座的健康運

魔羯座的您，骨骼嶙峋，體格瘦小，怕冷，但耐熱。

您要注意骨骼病症，牙齒和耳朵也易發生障礙，由於您刻苦勤勉，很容易使胃腸發生毛病，要注意。

您需要充足營養和休息。

◎您最易患的病症

神經痛、風濕、慢性骨骼炎症，以及胃腸病、腎臟、肝臟、牙齒痛、耳聾（重聽）等。

第五節 魔羯座的戀愛和結婚趨勢

魔羯座的男女，不易動情地去和異性談情說愛，他們性格慎重、堅實，達到某年齡，工作上有了成就後，才願意物色適合的對象結婚。遲延了婚期，他們也不放在心上。

魔羯座的人不重視戀愛氣氛，他們喜愛現實：強烈的愛以及愛的技巧和他們無緣，他們所喜歡的是自然態度和純情來往。

但是，他們並不是一直喜歡這種「淡戀」和「不自然之戀」。只要找到意中人，他們也會忘卻他們本來性格，表示真情，接受對方之愛，沐浴於愛河中。

做為丈夫的，熱心於照顧太太和家庭生活，對於妻子的愛情，始終不變。

做為一家主婦的也是如此，她們照顧服侍丈夫，養育子女，是賢妻良母型。

第六節　魔羯座與其他星座之結合

一、和金牛座的結合（大吉）

金牛座的人，性格溫和、認真，他們結婚後，生活安定，是白首偕老型。而且愛美之心高於他人一倍，佔有慾很強。

他們和魔羯座的生活路線很相似，堅實地一步一步前進。如此生活方式雖有點呆板，缺少新鮮，但與愛好孤獨的您卻是很適合的一對。

具有陰暗性格的您，如果願意接受對方的誠意和溫暖心情，則能彌補您心中的空虛，良好氣氛對於你們的生活是非常重要的。

角相為一百二十度，同屬於地宮，是良好的結合。

二、和處女座的結合（大吉）

魔羯座的人，享受孤獨和堅實生活，但處女座的人，愛清潔、神經纖細、態度慎重，性格很相似，做事同樣勤勉努力。

你們因為互相都不積極地追求對方，使感傷型的處女座人很感乏味。

但是，您現在正在心裡凝視對方，並深信將來您一定會熱烈愛她的。

處女座純情的愛，給予魔羯座的您，安慰之力頗大，您能得到如此對象，實在太幸福了。具有豐富智性和健康的處女座人，是您最可靠、最誠實的協力者，角相是一百二十度，雙方都是屬於地宮，是美好的配對。

三、和魔羯座的結合（大吉）

由於隸屬同一星座，結合當然不錯。而且性格同為：忍耐、有抱負，互相協助，結成連理後，將來生活會是幸福的。

孤獨和陰暗性格，造成缺乏和藹氣氛的家庭，很難和鄰居和好相處，你們雖然很守秩序，不會連累人家，但過於嚴謹的態度，會使人敬而遠之，應該爽朗一點才是。

四、和天蠍座的結合（吉）

魔羯座的您，和天蠍座的對方，雖同屬陰性，心中有激烈的佔有慾，但不會明顯地流露出來。

你們同具有忍耐、沉靜、追求慾，但因天蠍座的人，更有看透人心之力，看出您很誠實、可靠，足夠和他同甘共苦，可以使他放心。

但是，你們也有缺點，不易和他人相處，缺乏活潑氣氛，因此，你們要儘量設法和他人和好。您倆的夫婦生活很圓滿，是其他的星座配合無法所及的。唯一需注意之地方，是夫婦之間勿太過於主張自己意見，這樣會導致夫婦爭吵，破壞家庭幸福。

角相度是六十度，屬於地宮的魔羯座，和隸屬於水宮的天蠍座，相性算不錯。

五、和雙魚座的結合（吉）

雙魚座的人，優點是浪漫，富有羅曼蒂克氣氛，為人和藹，具有如此優美性格的人，和性格陰暗、單調氣氛的魔羯座配合起來，的確是不可或缺的好對象。

經過苦難生活、禁慾生活都能耐得下去的魔羯座的人，若能和富有夢幻般優美氣氛的雙魚座配合，確實是能互相照應的好對象。

從您（指魔羯座的人）的立場說，誠心信任他人，或對於自尊心過強的人，不懷惡意、不厭惡他們，這種修養只有和雙魚座結合才能獲得。

角相是六十度，屬於地宮的您，和屬於水宮的雙魚座，確實屬於好的配對。

六、和牡羊座的結合（凶）

牡羊座的人特性是，勇敢前進，為達到目的，絕不退卻，態度是堂堂正正而明快，沒有魔羯座那樣的陰暗氣氛。

但牡羊座中，有些性情非常暴躁，是不使對方屈服不罷休性格的人，如果您遇到如此的人，問題在於您能忍耐至何種程度，當您認為他的行為正確時還好，但當他擾亂秩序使您無法忍耐時，那就不堪設想了。

對方的要求是無厭的，戀愛感情是自私的，他對於您的控制態度會使您感覺很厭煩的。

角相是九十度，是一種不好的配對。

七、和天秤座的結合（凶）

開朗善於交際的天秤座人，和暗淡陰沉的魔羯座人，性格很不相稱。

天秤座的人所希望的是人類幸福、和平、和諧生活，以及精練的感覺和愛的素質，但從魔羯座人看來，天秤座的人，缺乏現實和堅實，故不能安心。

至於您所希望的平衡作法，天秤座的人則認為是出爾反爾的作法，不感滿意。

天秤座的人周圍，常有很多朋友，這對於喜歡寧靜的您，就太不方便了，而且尚無法把您的熱情和理想獲得對方理解。

假如您認為現實生活不限於兩人，還要推展給他人，那麼，和天秤座人結合，和你相處方面就很順利了。

角相是九十度，相性是凶的。

八、和巨蟹座的結合（吉有時變凶）

巨蟹座具有女性要素，和您配合起來，變成複雜的一對。

他的情緒如同母親對待子女那樣溫暖，是家庭第一、安全至上的人，在您的眼裡是性格柔弱的人物。內向性且神經質，心情不如意、受到衝擊時，就悲痛欲絕，不知所措，您對於他如此性格會感覺非常失望。

可是，您卻沒有開朗的笑料逗他發笑，結果您只好和他同樣沉思怨嘆命運了。

假如您是喜歡詩情畫意、富有羅曼蒂克氣氛、溫暖、和平生活的，那麼，巨蟹座的人，是您很好的對象。

巨蟹座的人不追求虛榮，生活過得很平穩，還會為您擔當一切家事，這一點對您是很好的。

九、和獅子座的結合（普通）

獅子座是光明正大的星座，富有熱情。

您的忍耐和陰性，和獅子座太陽般的明亮和熱度相接觸，不一定會使您開朗、溫暖，相反地，還會拉著您的後腳，使您失卻自由。

但是魔羯座的人，生活一向尊重樸素、忍耐勤勉，生活大都陰暗，缺乏人情味。因此，以富有活力、態度開朗的獅子座人來和你們配合是非常妥當的。

獅子座人性情率直，不喜歡那些用心良苦的作風，這並不是您能做得到的事。

十、和雙子座的結合（普通）

雙子座的人，善於交際，不拘泥於生活小節，而且善辯、腦筋靈活，喜歡做這做那。由於您做事慎重、努力不懈，在您的眼中，雙子座人是有許多優點的，如果你們結婚後將會如何呢？

由於雙子座的二元性給予您不安，您為止住他的行動，有點防不勝防之慨。在戀愛和感情方面，也許您還無法真心信任他。

十一、和射手座的結合（普通）

射手座人具有魔羯座所沒有的特性。

他為探求廣大世界中的自由和知識而忙碌不停，因此，對於日常生活無心靜靜地做，他有時很忙碌，有時很優閒，有時很性急，情緒不斷轉變著。

在現實生活上，他的優點無用武之地，反之，您的堅實作風和經濟運用力，能夠發揮至頂點，射手座人的才能和上進心理，獲得您堅實作風的支持，能過著幸福的生活。

十二、和水瓶座的結合（普通）

您的對手，具有先天性的優秀腦力和推理力，自由思考，具有獨創力，但因為人過於老實，缺乏和人合作的心理，這些都是水瓶座人的特性。

至於魔羯座的您，一向具有忍耐做事，肯努力上進，但性格過於陰暗慎重。如果，您認識水瓶座人的理想型作風，那麼，您就能發現人生偉大之處了。

愛情方面，您比較慎重，要信任對方，需要一段時間，而您的水瓶座對手，對愛情方面也很淡漠，使您有點隔靴搔癢之感，您倆要到達熱情如火，單靠肉體結合尚不夠，必須精神上交流，才能明白他的性格。

第七節　幸福與幸運之年齡

男生魔羯座生者，大抵於三十三歲最幸福。女性魔羯座生者，大抵於廿六歲最幸福。不論男性、女性，大抵巳酉丑年皆為幸運之流年。

第四章 水瓶星座

一月廿一日～二月十九日

在希臘神話中，肩上扛著水瓶的特洛伊美少年卡足梅迪，就是用來指這個星座。這個美少年是天神宙斯變成大鷹搶來，做奧林匹斯諸神的侍童。

在埃及，因為這個星座下沉時，與尼羅河的漲水一致，認為是河神將天上巨大的水瓶放在河裡裝水。

水瓶座相當於子宮玄枵，亦稱「虛宿」，別稱「北陸」，為顗頊之墟，左傳曰：「古者，日在北陸而藏冰。」

本此猜臆，日躔北陸，在我國東北已屆冰凍之際，而西洋占星術亦作相當之解釋，大概因為俱居北半球而受相同之影響吧？

太陽自一月廿一日至二月十九日約一個月間，停在水瓶座星座上。

在此間出生的人受到水瓶星座和其守護神天王星的影響，具有各種不同性格和命運。

此時期正是冬天寒冷時期，大地萬物正在冬眠。因此，出生在水瓶座的人之性格，具有要求真正自由的慾望。並具有強烈的思索、創造心理，自少年時代就才華出眾，他們純情、沒有邪心，是一種追求理想主義者，也可以說是現代進步主義者。

他們具有獨創的天才要素。

當水瓶座人談自由、論人類性格、推理事物內外時，他的眼睛會充滿光輝，發揮獨特的個性美。

第一節 水瓶座的性格

喝這個水瓶流出來的泉水，就是在中國所謂的北落師門。

玄枵生人共有的特性，就是女性化的內向氣質。

二十八宿之一，女宿可以說是婦人的星座，據說這個星的光亮不佳時，只有在婦女身上發生災禍。從西方稱為水瓶座，代表一位美少年看來，很可能占卜出以上這種情形。雖然個性內向，但不滿的情緒高昂時，會強烈的爆發，和人爭吵。

不論是虛、女、危都有引起爭執招來災禍的可能，所以平時就要注意，不要積壓不滿情緒，應適時發洩。

這個星宿生者，以美貌、美姿的人為多，但好惡之分極強，所以不會有別人想像的那麼多的羅曼史。

沒有愛的性關係。在這個星宿的人身上，是絕不可能發生，因此戀愛時，常有柏拉圖式的戀愛。

男性還多少有點向外發展的現象，但女性在婚後，會潔守著丈夫，不會產生出牆的意念。在寢室裡雖然不一定很保守，但也不敢採取太特殊的姿勢。因長得美，結婚也較早。相性是與鶉尾生者吻合。

一、表現性格

水瓶座的人，一生下來，就具有愛好自由、民主、人道三種主義中的任何一種主義，但他們卻不喜歡人家指他是何種主義的人，因他理想很高，希望從現狀再進一步創造新理論。這一點他的確具有良好天分。

他很討厭一般固定觀念，並反抗不合理的權威。因此，時常陷於孤立，嚐到寂寞滋味。由於他沒有私心和私慾，不隨便發言，所以不願隨便和他人協調合作。

當您論及人類偉大和善意時，流露於您言語中的愛好自由之智性和人類愛，給予他的魅力是很大的。

以上是水瓶座的優點。至於水瓶座的缺點是頑固，不容他人意見，得意時非常感激，自己意見不被採納時，只好感受孤獨了。

據神話傳說，由少年手中倒下來的水瓶中的水，是智慧之水，是上帝把無限聰明傳給人類的象徵。

水瓶座的管理星天王星（URANUS）象徵自由、獨創力、飛躍、預想、友情意義之星。因此，生於水瓶星座的人受其影響，而具有以上性格。

他們接受由星座自由地流下來的理智和直感偉大能力。

水瓶座屬於風宮，象徵富有理智、追求自由的人，並隸屬於不動宮，表示他的性格相當頑強、不太通融。

二、分類性格

水瓶座人，由其出生之日，以十天為一分類，分為三種類，各分類各具有不同性格。

◎第一類（一月廿三日～一月卅一日）

此類人受到前月的魔羯座性格影響，堅定地根據自己生活方針努力、忍耐，推展自己願望。

他們受到獅子座影響，喜愛出風頭，喜歡有個性的羅曼蒂克行動。

◎第二類（二月一日～二月十日）

最具有水瓶座性格，並受到一小部分的雙子座性格，在智能方面具有銳利的藝術感覺，加上一些不安定的要素。

◎第三類（二月十一日～二月十九日）

受到下一個星座——雙魚座影響，雖然隸屬於夢幻型，但卻很能順應現實，不為自己的雙重性格而迷惑不知所措。

還具有一小部分的天秤座性格，增加他性格的平衡性，變成具有藝術氣氛和社交人物。

第二節　水瓶座的命運趨勢

水瓶座的人，命運很不平凡，一生中意外變動很多，走著和他人不同的路線。

由於他具有才能，自己願意接受各種歷練，受苦也在所不惜。他喜歡和多數人談自由，對於人道主義工作和慈善事業計畫，是最熱中參加的一員。

他們對於物質慾望很單純，對於不太有利的工作也要拼命做。因此，家庭經濟不太富裕。

他們喜歡追求理想，充滿希望生活，因此，一遇到現實生活鴻溝而煩惱，就想跳出這種束縛，對於不能和他共鳴的人，就不想與他們來往了。

水瓶座人必須注意的是交友，他們不但要交意見相合的人，對於意見上稍有出入的人，也要用寬大的心情相交，並發掘他們的優點。

因主義和主張不同，而不願和他們來往，則將來就會變成無親無戚、孤單的一個人了。

第三節 水瓶座的職業和財運

水瓶座，具有先天的良好推理力、創作力、愛自由、有智慧、對於事物理解力很強、常追求新的理想。沒有進步的地方，水瓶座不感興趣。

您重視地位和金錢，不願屈於被壓迫的職務下，您為了尊重自由與進步，追求理想之餘，做出和現實脫節的冒險工作。

至於守舊單調的工作，和您的進步精神、理想主義完全不吻合，不適合您做，因向上前進才是發揮您的手腕之處。

您的視野很廣，具有客觀的觀察力。因此，您要選擇和社會、國際、世界、人類有關的工作，發揮您的才華。

◎您的適宜職業

自由業、著作、科學、發明、音樂、攝影、影藝、節目主持人、評論家等。

◎您的財運略判

您不太重視金錢，您為興趣和正經事情花錢在所不惜。例如參加有意義的集會，為提高該會效率，往往一擲千金在所不惜。因此，您所受的經濟上的困苦，是在所難免的了。

第四節　水瓶座的健康運

水瓶座人具有均勻體格，身材不高不矮、不肥不胖，為中等標準體格。因您的體重不超過標準，因此不像太過肥胖或瘦弱的人們那樣受到環境影響。但您會因運動不足，發生血液循環不順的現象。

此型人食慾不多，患貧血症的不少，要注意保持同樣姿勢、增加食慾，而且生活要有規則，避免惰性，想出新鮮的方法增加生活興趣，並做適宜運動，和調整身心的休息時間。

第五節　水瓶座的戀愛和結婚趨勢

簡單地說，水瓶座人，具有知識階級的優點與缺點，他們純真率直，對自己很老實，他們所愛的不限於幾個人，是一視同仁的博愛主義者，具有智性自由和強烈理想主義。

熱情如火的愛情和這類人無緣，他們的愛具有孤獨感和冰冷感覺。

您雖然能淡淡地和他人談話，也能順耳靜聽他人的訴說，可惜不是永久的，當您知道他和您的理想不合時，您就會很快和他分道揚鑣了，這是您的最大缺點。

此類人的愛情淺面廣，他無法徹底愛上一個人，大都是近於友誼程度之愛，由甲傳至乙，並擴及丙、丁，做遍歷式愛情。因此，往往被指為沒有常識、水性楊花，或拈花惹草等多情種子的代表人物。

雖然他愛上了一個人，而且也重視感情，可是他的行為在道德上已受到批評了。這是水瓶星座人的戀愛感情和其他星座不同之處。

因此，和水瓶座人接觸的男女，若持平凡結婚觀念，往往會失望的。

不過結婚後，水瓶座的丈夫，大都是個好靜的和藹丈夫，做為主婦的妳，也是相夫教子的好妻子。

夫婦性生活並不很強，不過，雙方都能製造愛的氣氛，的確能夠和好相處。

第六節　水瓶星座和其他星座之結合

一、和雙子座的結合（大吉）

水瓶座的人，能夠發揮自由、獨創力、理想境界，雙子座人多才、聰明、性格富有變化、能言、能交際。

由於雙方都能言善辯、智能優秀、充滿新的快樂，因此，他倆所建設的家庭，不受拘束，很理想。

角相是一百二十度，相性很好，且同隸屬於風宮的結合，很不錯。

二、和天秤座的結合（大吉）

天秤座的人能夠平衡地接受您的智性和您的理想，雙方的相性的確不錯，他們不溺於感情，以冷靜態度觀察事物，雙方性格都是一樣。

但是，水瓶座的人，為人過於老實，缺乏通融性格，因此所受損失很大。由於您的潔白，不願受污泥所染，對於不受您歡迎的人，您就以冰冷的態度對待他，這一點也是使您受到他人指摘，說您是個怪人，受到損失的原因。

為了發揮您的良好天分，勿置身於焦躁世界和為現實問題傷腦筋才好。因此，假如您能夠選到天秤座的配偶，那麼，您的生活也就能安定和平了。

角相是一百二十度，且同屬於風宮，都是理想的相性。

三、和水瓶座的結合（大吉）

在同一星座出生的男女結合，原則上是好的相性，是眾所皆知之事。

你們具有智能的自由，但不會為情緒而感傷，性格坦率，不拖泥帶水。

你們對於社會理想和慈善運動很關心，但卻輕視由你們共同建設的家庭，您有脫離現實生活的傾向，討厭保守型和平凡的作法、習慣。

假如您倆都能夠利用你們的優點於好的方面，就不會發生問題，不然就會招來失敗，應互相糾正自己的缺點才是。

四、和牡羊座的結合（吉）

假如您喜歡和具有強烈性格的人結成連理，那麼，選擇牡羊座是最理想的。

因為牡羊座的人，富有正義感、勇往直前、主張己見、具有領導能力、扶弱鋤強的性格。但是，很尊重自由的水瓶座人，被牡羊座的配偶拉著走，強迫接受命令，變成主僕關係就不理想了。

因此，牡羊座的人要以爽朗的性格，水瓶座的人要以坦然的態度，互相勉勵。但在愛情方面，您是站在接受立場，因牡羊座的人，性生活比較強烈，您是站在受攻立場的。

您的腦力很不錯，但不能直接攻擊對方、指摘他的缺點，因受到攻擊的他，不會認輸，會反抗。這些問題需要您解決、協調、反省。

角相是六十度，牡羊座是火宮，您是風宮，相性還算不錯。

五、和獅子座的結合（吉）

光明正大、態度從容、有肚量，是獅子座人的性格，並具有精神上的創造力，和活潑的想像力。

水瓶座的您，善於思考和提出有力的反證，使他佩服，但缺乏實行能力。因此，您能在您的身旁獲得像獅子座那樣充滿熱力的人物，對於您是好的現象。獅子座的人，以善惡觀察他人，您以好惡敬遠他人，外觀稍相似，但前者為精神上孤獨而煩惱，後者嚐到知性上的孤獨滋味了。

當您發現獅子座的缺點時，您可能不會屈服於他，對於易發脾氣的他，您也不願理他，他的虛榮心，對您是無動於衷的。

你們要注意家庭經濟，因您倆都不善於儲蓄。

角相是一百八十度，是命運上的偶然配合，只要您倆互相合作，可以建立幸福的家庭。獅子座是屬於火宮，和您的風宮，在相性上說還算不錯。

六、和射手座的結合（吉凶參半）

射手座的人，優點是具有機智，向自由目的前進，實行能力很強，您和如此性格的人配合，相性還算不錯。

由於您的主張是獨立與自由，並且追求進步和開放。因此你們的性格可謂不約而合了。

一再追求新知的射手座人，對於您的獨特奇異思想和天真想法，覺得非常偉大。追求進步和飛躍的水瓶座的您，和冀求上進發展的射手座的人，性格上有很相似之處。因此，由你們結合而成的家庭，一定無比有趣。

但是另一方面，射手座的人，具有樂觀性格，喜歡嘗試這個或那個，還要跑跑走走，對於家庭生活損失不貲。

同樣，水瓶座人，也不願閉居在家中，願意到外面尋找一些服務機會，因此，不能稱為標準的家庭人物。

您的戀愛是理智比感情強，一旦知道了對方的缺點 熱度很快地變冷了，對方是射手座，雖然很重視氣氛，可惜，愛情很淡薄。

角相是六十度，屬於火宮的射手座和屬於風宮的水瓶座的您，相性還算不錯。

七、和金牛座的結合（大凶）

金牛座的人，具有善良、誠實、態度堅定、慎重、愛美心很強，對待他人和藹可親、有同情心……等優點。可惜，水瓶座人的性格，大都和金牛座的相反。因此，雙方要獲得調適是不太容易的。

從您的立場說，金牛座的人，缺乏人情味、平凡、神經過敏、焦急、膽怯。由於您酷愛自由、進步，因此，容易發生性格上的不協調。其實，金牛座的人，外型看似膽怯，內心卻很堅毅的。

在戀愛感情上，兩人性格都不同，金牛座的人，愛羅曼蒂克的甘美氣氛，並具有獨佔慾望，但水瓶座的您所要求的是富有理性的友好氣氛。

您愛的是淡淡的愛情，而對方要的是浸潤在濃情中之愛。嫉妒與您無緣，但對方卻有強烈的嫉妒性。

角相是九十度，相性不佳。

八、和天蠍座的結合（大凶）

水瓶座的您，一向愛追求理想、自由，具有獨創力，為人過於老實，缺乏通融。但天蠍座人們愛守祕密、內心富有熱情、探求事物的能力很強，由於雙方性格不相同，很難結合。

由於對方具有追求不捨的魄力，您會不會感覺麻煩？天蠍座人是要求絕對忠誠，對於您的博愛和善意很難諒解。角相是九十度，相性不佳。

九、和魔羯座的結合（普通）

水瓶座的無所適從的性格，和堅實、憂鬱、禁慾的魔羯座人，除非雙方努力遷就，否則是很難配合好的。

其中魔羯座的唯一缺點是自私心過強時，您對於他的自大、自私、壓迫他人……等性格，很難服從，此為雙方絕裂、發生爭吵原因。

不過您不會當他在發脾氣時，火上加油，激發他的脾氣，您可能用冷靜態度去對付他。

戀愛感情上，您為了解除他的憂鬱，在性生活上，您可能不會太積極、不會熱情至失去理智程度。

十、和巨蟹座的結合（普通）

巨蟹座的人，性格近於女性，具有母性愛，和水瓶座的您所具有知性的性格不同，您是一向愛好自由、重理論、重視家庭安全的人，對於巨蟹座人的親切與服務卻視為多餘。

但是，當您一個人時，您會寂寞難耐，此時您會多渴望有一位具有母性愛的人在您的身旁。

可惜您不肯幫忙巨蟹座的人，共同為家庭和平和安全而努力，因您所關心的事情不在於家庭。

十一、和雙魚座的結合（普通）

雙魚座的人，酷愛羅曼蒂克的情緒氣氛，可是，水瓶座的您，是重視自由、進步、飛躍，沒有工夫沉溺於幻想夢境。

您單純又老實，您所想得到的事，人家無法理解您，使您變為冷若冰霜的人物。因此，對於像雙魚座那樣的大好人，您不可對他過於囉嗦。

追求理想的您，在現實生活上，不善於儲蓄。因此，雙魚座的人，對於您不能算是好相性。

十二、和處女座的結合（普通）

處女座的性格是感受性銳利、理智、神經質、純情，做事仔細小心，但缺乏積極，跟不上您的進步和飛躍，因他太缺乏勇敢了，但勤勉與老實是他的優點，您的關心在思想與理論，處女座的富有常識，不曾完全與您共鳴。但他會對您的創造力和智能表示敬意，兩人的結合可能在智能方面合作得很好。

在情方面，您不能成為他適宜的對手。

第七節　幸福與幸運之年齡

男性水瓶座生者，大抵在三十一歲最幸福。女性水瓶座生者，大抵在二十二歲最幸福。不論男性、女性，大抵申子辰年皆為幸運之流年。

第五章 雙魚星座

二月廿日～三月廿日

在神話裡，勇士貝魯塞司抓住蛇的頭髮、砍下使見者成為石頭的女人悔多沙頭時，滴下的血滲入岩石裡，從那裡展開銀翼飛出來的，就是天馬比卡沙斯。

此時馬蹄踢出一個泉水，傳說，只要是詩人喝了，就會無止境的湧出靈感。

雙魚星座相當於亥宮娵訾，娵訾包含著廿八星宿的「室宿」、「壁室」。

中國古時認為，室的生人喜歡旅行，年輕時很辛苦，但在中年後有大成功，又暗示在旅途中會遺失很重要的東西。

壁也與旅行有關，所以與旅行有很強的緣分，大概是像天馬一樣追求自由、愛好旅行的關係。

太陽在二月廿日至三月廿日的一個月間，停在雙魚星座。

在此時期出生的人，受到雙魚座和其守護星——海王星的影響，具有各種性格和命運。

此時期，經過長期嚴冬中的冬眠和沉默，在惡劣條件中克服一切困難的生物，開始接受春之氣息的時候了。

您的性格中，有精神和肉體、靈肉合體的姿態，它能變為精神型和本能型的兩個種類，是性格祕密之一。

您所具有的偉大包容力，把您的情緒和羅曼蒂克氣氛，散佈至各方面。

第一節 雙魚座的性格

在這個星座生的人，被認為有福祿（亥為天門），會得到長輩的提拔、朋友的幫忙。

但自己的任性作祟，年輕時追求高待遇而會不斷嘗試改變各種工作，甚至投機而沉迷於賭博，在錢財上無法積聚，要一直持續到工作安定下來的中年才能開運。

在女性中，是個性相當開放的人。她會經常穿著外國最新流行的衣服，也是會發揮自己的魅力和善於打扮的人，但是有時也會換下時髦的衣服，粗衣布裝的出去漫步。

她不喜歡受到任何東西的束縛，嗜好也容易變化。

雖然會熱烈的戀愛，但在拋棄對方時，也極爽快，在這方面，可說在十二星座中是首屈一指。

擅長製造氣氛，也曾在寢室裡燃起對方的熱情，但對對方的身體熟悉後，熱情會突然降到冰點。

與鶉首的相性吻合。

一、表現性格

雙魚座的您，具有優雅、抒情的豐富性格，您的心地是溫暖的，感情是豐富的，您喜歡追逐美麗的夢，喜愛羅曼蒂克的氣氛。

您不分男女年齡，對任何人都很親切，很容易投入他人的懷抱，信任他人。看到別人受苦，您就無法緘默了，往往忘卻自己能力，為他人努力、勞心。

由於您很容易信任他人，為他人盡力，同時您也很想接受他人的好意。因此，假如他人對您太過於現實，破壞您的夢幻和希望，那麼，您就會很明顯地表示您的不滿心情，像孩子那樣打抱不平。

這一點，您的性格完全與那些出生於上流社會的千金小姐相同。

您對於精神方面、神祕方面感受力很強，並關心哲學和宗教，另一方面憧憬於幻想和本能，往往沉溺過深、迷失自我。

博愛、獻身、友情……是您性格的一面，同時您並具有：沉溺、驕氣、矛盾等性格，因此，您的性格漠然無法捉摸，帶有一點不安定感。

您不應太離開現實，應少帶一點羅曼蒂克氣氛才好。

雙魚座的守護神是海王星，海王星是管理大海，因而具有廣闊無限、包羅萬象的性格。

您很能適應現實環境，並具有同化力，接受其影響，這表示您的性格不安定，易被利誘。是一種缺點。

雙魚座屬於水宮，情緒屬陰性性格，而且屬於柔軟宮，適應力很強，多才多藝，但包含著許多矛盾。

二、分類性格

產生雙魚座之日，以十天為一區分，分為三類。則發現各分類都有些微的不同性格。

◎第一類（二月廿日～二月廿九日）

延續著前面的水瓶座性格，他們含有愛自由、創作、理想主義、人道主義等要素。另一方面受到處女座的影響，愛好純真、周密、實用性格。

◎第二類（三月一日～三月十日）

雙魚座性格最明顯，並接受一小部分巨蟹座性格，流露出母性愛，情緒豐富、纖細、內向、愛好和平、重視實際生活。

◎第三類（三月十一日～三月廿日）

受到其後面的牡羊座影響，並受到小部分的天蠍座影響。由牡羊座接受的性格是積極、突進、極力主張己見，由天蠍座接受到神祕、沉靜等性格。

第二節 雙魚座的命運趨勢

雙魚座人，一生中，為了探求相反的性格，在矛盾和不安定狀態中過生活。

您願意犧牲自己，為他人製造快樂的氣氛，因此，往往受到環境影響，迷失自我，您適合為人努力、為人服務的宗教家生活。而且您還具有特殊的幻想並受到靈感的影響，產生藝術感覺和優異想像力，您要把這些運用於生活上才好。

您的肚量很大，若用您的肚量去度他人之心，會和現實脫節的，從您的性格觀察，您樂於為他人服務，對於任何人所說的話都無條件的接受，如此作風，最後不免得罪或失信於人而難以收拾。

現在您最重要的是如何用冷靜的態度決定取捨，而其最重要的條件，是把善惡分得很清楚的理性，因為這種理性是助您成功的重要條件。

抹煞您的個性和才智是不對的，但您千萬別為不重要的事而消磨您的青春，千萬別把您的優點用於無關重要的事。

交友是好的，但漫無止盡，不擇優而交，並非好事。自己要做，所以他人也要做的想法不妥當，有地位以及自我很強的人要注意。

為人不錯的您，受到他人譏為「多心的人」，如此誤解和受到他人的厭惡，是您不會選擇對象，或不考慮場地，等於兒戲式作法招來的麻煩。

因此，您必須把自己和他人的東西分清楚，別沉溺於感情，一會兒向左，一會兒向右，這種迷惘的作風必須要糾正的。

第三節　雙魚座的職業和財運

雙魚座的您，有偉大直覺力、神祕力，並且具備偉大的包容力和理解力，以及博愛和為眾人服務的精神。因此，選擇職業時，應充分考慮您的特性，例如犧牲自己、為他人做事的職業都適合您的。

您常受到您周圍人的意見和想法所影響而勞心。您不忍心看他人受苦難，您不適合受人照顧，願意看護他人。因此，職業方面應選擇具有社會性救濟事業、慈善、宗教事業。

◎您的適宜職業

服務性工作，福利杜、醫療工作、教師、飲食業、宗教家等。

◎您的財運略判

您對金錢和名譽一樣不太重視，財運本來不錯，但您對於金錢知識很低、不關心，不善於儲蓄，也沒有節儉觀念，因做人親切，增加支出。

像您這樣性格的人，可以利用兼職收入做長期儲蓄，是最好的方法。

第四節 雙魚座的健康運

雙魚座人，具有敏感體質，易被病菌所感染，對於藥性也十分敏感（例如盤尼西林等），對中毒、興奮也弱，易發生精神異狀。

反之，對於藥物效率很快，因此，打預防針越快越好。但勿亂吃成藥，注意消除心勞、禁酒、勿受涼。

◎您最易患的病症

神經症、神經痛、呼吸器病、胃腸病、腳部受傷、關節炎等。

第五節 雙魚座的戀愛和結婚趨勢

雙魚座的您，具有兩種性格，第一、喜歡夢幻、抒情，以及像大海那樣大的包容力；第二、想使精神和肉體同時分立的複雜性格，因此，有時會超越現實生活，沉醉於夢幻中，為他人分擔辛勞，因而被騙，被騙後還要和他人親近，真心為他人服務。

此型人沉溺於感情，並非指精神方面，實則無法抗拒所謂快樂誘惑。但是，雙魚座的您，要談愛，上帝會給他們更好的心情和表情。

雙魚座的女性具備一種很神祕的魅力，非常具有吸引男性傾心的氣質，為其他星座女性所不及的氣質，而且又具有和藹可親、夢幻似的羅曼蒂克氣氛以及服務精神、包容力，都是她的優點。

她雖然有上述的優點，但並非完全沒有缺點，例如在家庭中，她也有許多矛盾，她的自私，常被他人視為自視甚高，或「千金小姐」不易親近……等評語。

她對於男友很親切，對方所喜歡的，她都願意去做，她如此做，並非全部為對方，實則自己領略為他人親切時候的快樂氣氛。她的愛情，有時也可以解釋為「自我主義」。

因此，選擇對象時，須充分注意能夠諒解妳的個性，並不破壞妳的思想的對象才好。

至於做為丈夫的您，應該好好諒解太太，愛顧她，成為標準丈夫才是。你們之間有一缺點，是易受外界誘惑而走上歧途，這一點應該由夫婦雙方互相勉勵、注意預防。

性方面，男性比較屬於（Sado）型——「加虐性」的；女性屬於（Maso）型——「被虐性」變態性慾者。

第六節　雙魚座與其他星座之結合

一、和巨蟹座的結合（大吉）

巨蟹座的人，具有母性愛情、豐富情緒、照顧家庭的優點，而雙魚座的人，憧憬於幻想型生活，富有羅曼蒂克氣氛，因此，他們的結合，是很理想的一對。

但是，由於您的感受力很纖細，品格也高；巨蟹座人的自信心強、性格較頑固，這些都是你們能否合作得好的關鍵。

你們兩人要獲得心中溫暖，是相當理想的一對，你們要儘量把眼界向外擴張，把新鮮空氣向你們生活中輸送才好。

你們的性格都屬於女性型、纖細柔弱的，對於人生波瀾比較消極，這一點，需要改進為積極、強勁，邁向現實生活的態度才是。

角相是一百二十度，雙方都是水宮，相性還算不錯。

二、和天蠍座的結合（大吉）

您的熱烈的愛，是可以滿足熱情如火的天蠍座人的要求，您的精神、肉體給予天蠍座的愛，正適合要求愛情忠誠不二的天蠍座的胃口。

同樣，您的對手天蠍座，也會以不變的熱情，永遠愛您。

天蠍座的人性格是陰沉、手腳不靈活、不善言辭、不會表現自我，假如用您的柔和、親切、有肚量的心情包容他，就可以彌補他的缺點。

您對於任何人都是友好、親切，也許天蠍座的人會對此嫉妒。雖然，友情和愛情是另一回事，但是情人和丈夫是重要的，這一點要注意。

角相是一百二十度，同屬於水宮，相性當然很好。

三、和雙魚座的結合（大吉）

屬於同一星座的結合，互相都了解對方的優、缺點，互相提高優點、矯正缺點。

你們容易信任他人而被騙，而且過於關心和現實無關的事情，因而往往感覺失望，這是你們的共同缺點，必須注意。

四、和金牛座的結合（吉）

金牛座人的性格是溫和、做事認真、有耐性，這些優點是雙魚座的您所沒有的，因此，你們的結合，對您非常有利。而且雙魚座所渴望的優美氣氛，也能由您的抒情和羅曼蒂克產生出來。

金牛座人們的性格是沉穩、慢吞吞，但很安全、慎重，相反地，雙魚座的您，有點輕浮、夢多、易動搖的性格，你們是一重一輕、相輔相成，能成為理想的一對。

角相是六十度，屬於水宮的雙魚座，和屬地宮的金牛座的相性良好。

五、和魔羯座的結合（吉）

魔羯座的性格，雖屬於陰性，但堅實無比，雖有點消極，但責任感特強，充滿獨立的野心，意志堅強、步步為營。這種性格對於雙魚座的您是很重要的。

不過，魔羯座也有其缺點，由於他的性格憂鬱，不太受人歡迎，大都孤獨寂寞。如果和您在一起，得到您的柔和氣氛，充滿人情味、有淚有笑的生活，對於魔羯座的人很有幫助。

您的缺點是稍近於多情型，無法持續愛一個人，不循規蹈矩，而魔羯座的人能為您安定家庭經濟，使您沒有後顧之憂。

魔羯座人的生活相當緊張，因此，對於您的愛情，雖也會感激，但他並不會很積極地向您表示愛意。

角相度是六十度，屬於水宮的您，和屬於地宮的魔羯座是好的相性。

六、和處女座的結合（吉凶參半）

處女座的特點是富有理性、神經纖細、純情、性情純真，可惜是勞心型。至於雙魚座的您，近於夢幻型，不太拘泥於生活小節，享受夢幻生活，是好人型，被情緒所左右　有點不安定。因此，您倆若不能互相理解各人的缺點，就難以合作得好了。

不過，因你們各有優、缺點，若能截長補短，生活上有了節奏，則你們的家庭不但經濟安定，生活有夢、有實，前程更是美好的。

處女座的人身體健康，追求純情之戀，這可由您的和藹甜美、廣大的愛來包容他。

角相是一百八十度，是相當複雜的配合。

七、和雙子座的結合（凶）

雙子座的性格是才智優秀，多方面發揮其才能；和希望在情的世界生活的您性格相反。而且，雙子座的二元性性格有時發生矛盾、產生煩惱，使想法偏向的雙魚座人大失所望。

您倆的思想不停於現狀，大都希望向各方發展，生活夠忙，很難孕育兩人的愛情。

戀愛感情方面，他不能像您那樣富有羅曼蒂克氣氛。你們所要做的是互相寬容對方的缺點，勿因過度不滿而發生衝突。

角相是九十度，相性不好。

八、和射手座的結合（凶）

射手座和您的雙魚座比較，雖然性格方面有點相似，但射手座人較重視速度、喜愛活動、富有智性。

二元性、雙重性是你們共同性格，但是，射手座人愛自由翱翔天空，追求快樂的樂天派作風，能否和您愛好柔和氣氛和沉靜生活配合得來，是一個疑問。

而且，您的高尚品格和有點近於夢幻的態度，和性格率直說話很隨便的射手座人，感情方面很容易發生衝突。由於雙方都不願停滯於現實，希望追求各人的理想，因此，若能找出共同優點而合作把它孕育起來，是可以補救上述的各種缺點。

角相是九十度，相性不佳。

九、和牡羊座的結合（普通）

牡羊座性格熱情，行動有力，極力主張自我的意見，是勇往直前型，和您配合，還算相稱。

同時，您的柔弱性格、溫和性質、服務精神，對於牡羊座人有很大幫助，使他們產生自信的原動力。

雙魚座的您，對於牡羊座強而有力的攻擊，也不做任何抵抗，還會真心為他服務，使對方覺得您非常可愛，您可以用您的柔和、有感情善意，去融化牡羊座的直線型、脆弱的感情。

「夫唱婦隨」這種美德，對於你們夫婦是最恰當的形容詞，表示性格過強的人們，內心是最需求溫暖和柔和的人。

十、和水瓶座的結合（普通）

水瓶座的人性格是淡薄的，和您的柔和、羅曼蒂克的氣氛稍不同，感情上發生些微衝突在所難免。

追求自由、進步、上進的水瓶座人的想法和感想，不知您的看法如何？他比其他人更具有創造能力和愛好自由，他影響予您的人生不少。

要在平凡生活中找出幸福，大過於關心理想與思想了，他對於不能同意他的意見的人，態度很冷淡。因此他們的性格可以說是不欺騙自己的老實人。

您的老實性情，讓對方相當有好感。因此，你們結合算是不錯，但做為配偶，雙方的情感尚不能達到充分交流。

十一、和獅子座的結合（普通有時變凶）

獅子座性格具有男性氣概，開朗、確實、行動具有威力，其熱情足夠燃燒周圍的人，是活潑型，您會被他的熱情所感動，衷心敬愛他的。

不願妥協和接受他人批評的獅子座人，常希望站在人群上面。他只能演主角，因此，配角就只好落在您的身上，幫助主角演技。

您的外表是想像力很豐富，過著幻想型生活的人，但在現實生活中，您是一位品格很高的頑固人物，另一方面是一位嬌氣很重的千金小姐型，有時會不滿獅子座人的那種自大、虛張聲勢的作風，忍耐不住而分開了。為了保有您的羅曼蒂克氣氛，不被對方所輕視，您應研究適當操縱法才是。

十二、和天秤座的結合（普通）

您和天秤座人一樣，喜歡羅曼蒂克的愛情，和具有優雅品格的天秤座人唱歌和談藝術是最適宜的一對。你們兩人時常能夠以開朗、親切的態度接待親朋好友，的確值得羨慕，但結婚生活，全部用甜美的事是不能成立的。

您的性格近於天真，因而常常受騙，並自願不收利益為他人服務。至於您的對手天秤座是精神重於物質，這一點你們夫婦都要注意，不然招來失敗，使家庭損失不貲。

使他人喜歡、為他人服務，是很貴重崇高的精神，但也要為他的幸福著想才能使家庭圓滿。

第七節　幸福與幸運之年齡

男性雙魚座生者，大抵以三十一歲、三十五歲之年齡為最幸福。女性雙魚座生者，大抵以二十五歲、三十四歲之年齡為最幸福。不論男性、女性，大抵以亥卯未年為幸運之流年。

第六章
牡羊星座
三月廿一日～四月廿日

一周三百六十度黃道上，有十二個星座站在其上，各星座的間隔是三十度，太陽停留在各星座期間是三十天。

每年三月廿一日至四月廿日約一個月間，太陽是站在牡羊座上。出生於此期間的您，由出生時開始，就受到牡羊座，以及其守護星——火星的管理，產生各種性格與命運。

在占星術的背後，每一個星座皆有一個神話故事，相傳牡羊星座就是依索匹亞王的女兒——安多羅梅達。

神話裡的安多羅梅達，是依索匹亞王克飛斯與王妃卡西奧倍所生的女兒。由於輕蔑孕婦的罪。被綑綁在海裡的大岩石上準備做祭品時，勇士貝魯塞可救了她，以後就成為他的妻子。

婁在牡羊座的二等星附近，在一千八百年前，是和黃道十二宮的第一宮牡羊宮一致，太陽在三月廿一日到達這裡，如今因歲差現象，春分點已移到雙魚座。牡羊宮移到雙魚座，在占星術上當然需要重新考慮了。

這一星座的時間，相當於陰（農）曆春分以後。

第一節　牡羊星座的性格

牡羊星座相當於廿八星宿中的「奎宿」、「婁宿」，因為「奎宿」在紫微斗數上代表文曲（按：奎宿居戌照辰，故文曲起於辰宮）。所以在這星宿下生的人，大多口才伶俐、聰明而有專長。

唯一美中不足的，就是紫微斗數中的昌曲又代表風流多情，甚至有比其他星座生的人較強烈的性慾，往往有「枯木逢春又生花」、「臨老入花叢」之傾向。

這個星座生的人，雖不是很胖或健壯的人，但很健康。只要不是任由精力去漁色，得來奇妙的附帶獎品，不會患大病。男女都富有性感、信心。

能瞭解自己的魅力，又能巧妙的運用，不會缺少異性做伴，但同性中有很多敵人。因為好奇心強，惹來災禍。

在性方面須慎重選擇伴侶。因為這個星宿的人，性精力特強，往往會影響到伴侶的健康。與同是降婁或析木生人的相性吻合。

一、表現性格

您是富有正義感的熱情人物，活潑開朗，向目標邁進，勇往直前，具有威力的強者。但您對於弱者卻很親切。

您的突進型性格，往往沒有考慮到周圍的人會不會受到你的連累，這是您的唯一缺點。

您喜歡站在人家的前面，做出您喜歡做的事。出生於此星座的人，都很希望如此。主張己見比任何人都強。

您對於人生的任何困難，都不會改變態度，徹底地奮戰下去，您對於敵人攻擊得很徹底，但是對於自己人愛護備至。幫助弱者，為人親切，有俠義心。

做事不拘小節的您，行動是直進型，姿勢是向前的。您好動，不願靜居家中，喜歡到處跑跑走走，過群居生活，討厭受拘束，酷愛自由。

牡羊座的人，心中不斷發生熱力，極力主張自己的意見，這是您所具有的命運，因為您的命運實在太強了。

牡羊座人具有強烈的意志、勇氣、決斷、行動力、計畫、領導能力，是能夠領導群眾的偉大人物。

由於您以自我為中心的思想很強，因而時常發生亂子，變為頑固不負責的人物，使周圍人受您連累，因世間並不是您一個人的，應該協調合作。

牡羊座的管理星是火星，火星係神話中的軍師，該星擔任戰鬥、攻擊、突進、打擊的任務。

遇到困難、危險越大，此星越發揮它的勇氣是火星所具有的「戰鬥力」，若遇到沒有戰鬥意志的對手，就沒有用武之地了。

從敵人立場說，您是可怕的敵人，但從自己人立場說，您是鋤強扶弱、富有正義感的人物。

二、分類性格

牡羊座以十天為一區分，分為三類，並稱為第一類、第二類、第三類。各類都有細微不同的性格。

◎第一類（三月廿一日～三月卅一日）

受到前星座雙魚座的影響，雖他屬於牡羊座，但還具有雙魚座的性格，使您成為具有同情心、和藹、羅曼蒂克的人物。您沒有牡羊座所有的陰沉氣氛，只流露出一點內向氣氛罷了。

您的直覺力很強，因此，給他人的印象是冷淡的，您時常會為此種矛盾而煩惱，同時您也受到天秤座影響，具有社交、熱情、親切、同情之心。

◎第二類（四月一日～四月十日）

是標準的牡羊座性格。你有直進、勇於行動、活潑性格，勇敢善戰、敢說敢做，向理想邁進不息等特質。

您也受獅子座影響，溫暖如太陽，有豐富愛情和堅定信心。您的態度光明正大，具有王者的威風和豐富的想像力。

◎第三類（四月十一日~四月二十日）

受到金牛座影響——性格頑強、易怒，而且佔有慾也很強。但是，您對於任何事情都能腳踏實地去做，愛好安靜和平的生活，您喜歡快樂、優美的東西，為人非常誠實。

您又受到射手座影響。對教養、知識有興趣。您具有各種才能，關心各種新知識，嚮往外國文化和風光，希望有環遊世界八十天之樂。

第二節 牡羊星座的命運趨勢

您的一生是波浪的人生，一波未平一波又起的人生，主張自己意見，和困難搏鬥，成為勝利者的一生，牡羊座的您，具有強而有力的領導力，您的命運可以擔任各階層的領導人物、管理者、第一號人物。

您喜歡追求理想，探求新知識，向任何新事物挑戰，您的好戰性格有時會改變您的環境，使您不能上軌道。

您的熱衷對象不一，有時受到很大挫折，一旦不能從您預期希望中得到良好的反應，您會很失望：如果事情盲目的進行，在達到目標之前發生意外，也會使您非常難過。換句話說，您的得失心理非常強烈。

您的熱情確實感人，可惜，缺乏協調性格，以及個人主義過於激烈，因而發生爭執，斷送自己的幸福。但是，您本來是善意的人，對待他人都很親切，因自己所關心的事物所受到的影響，也能坦然地接受，只要沒有不安和猜疑心，您的人生是幸福的。

強烈命運使您在競爭中獲得勝利，站在領導地位，由於您的協調能力較差，大都採取我行我素的方法。由於性格倔強，和妻子、家族易發生爭執。

您會獲得上級人們的提拔和援助，只要您性情勿過於驕傲、自大，和過度主張己見就可以了。

第三節 牡羊座的職業與財運

您的性格是希望出人頭地、領導他人，您討厭那些單調工作，不願站在人家下面，受人頤使。

您喜歡主張自己的意見、實行新計畫、開拓新環境，因此，您適合獨立經營事業，雖然是小企業也沒關係，只要自己站在老闆地位，您就能揮發您的才能。不管遇到任何事件，您都有能力應付它，因您的決斷力和勇氣很強，站在負責人的地位，是最適合不過了。

而且您具有首領型性格，善於運用您的部下，為了獲得良好成績，您必須注意養成自制心。

◎您的適宜職業

建築工程師、新聞、雜誌記者、職業運動家、外交員、廣播員、中小企業者、私家偵探、廚師等。

◎您的財運略判

您的賺錢機會很多，買股票也很適宜。有新構想的，收入較豐，但支出也多。

第四節　牡羊座的健康運

您的體質強韌，有魄力，體力強毅。但是，卻也有許多牡羊座人，往往對於自己體力過於有自信，小病不醫變成大病的不少，別過度使用體力，運動、吃飯、飲酒、工作，都要保持中庸，因為您的身體棒，病痛康復力很快，生病時，看醫生和休息都不能忽視。

牡羊座影響身體的部分是頭和臉，病痛也發生在這一部分。是致命地方，頭痛、顏面神經痛、神經不安定等症。

最需注意的病是高血壓和中風，以及受到火星影響的傷害，例如：火傷、刀傷、臉頭部的傷等。

◎您最易患的病症

頭痛、神經痛、中風、高血壓、顏面神經痛、貧血、胃腸、腎臟病、自律神經失調症。

◎易生病之年

四十九歲、五十八歲、六十七歲。

第五節　牡羊座的戀愛和結婚趨勢

您的行動力很強，不斷向目標邁進、不停止、熱情超人。

牡羊座人大都婚期很遲，因他（她）們的理想很高，氣勢很強，但他們的魅力都很吸引異性，由於他們的理性很強，不會對異性亂來。

但是，一旦發生感情，則其熱情如火，不燒盡所有東西不罷休。可惜，他們不善於製造氣氛，以表現自己的心意。缺點是易熱易冷。

牡羊座的婦女缺乏性的魅力，但都具有爽朗性格，是賢妻型婦女，為人保守，缺少協調力。

牡羊座的男人，本質上是尊重女權，是理想丈夫。

但是，他不善於把握女性心理，態度都是以自我為中心，不顧慮對方立場和氣氛，因他討厭這些生活細節。子女少。

第六節 牡羊座和其他星座的結合

一、和牡羊座的結合（大吉）

此為同一星座的結合，他們受到火星的影響，分為兩類，一為獲得性格、肉體共鳴，和好相處，另一方為糾葛型。

熱情衝擊會招來激烈感，但由於兩人都是性急型，有時難免發生激烈吵架、打架。但他們吵架後，很快恢復和好。

但是，如果兩人的性格都異常激烈，連小事都發脾氣，那就很難收拾，因而離婚的不少。

由於他們的協調精神很單薄，互不相讓，各自為之，則離婚就難免了。因此，他們必須選擇型態不同的人結婚，並找出互相的共同點，向同一目標邁進，則兩人的幸福是可預期的。

二、和金牛座的結合（普通）

金牛座的人是靜，牡羊座的您是動，是動和靜的配合。金牛座的人做事有精力、勤勉、安定、心地善良，這些都是您所沒有的優點。

而您具有強攻的行動力量，在家庭是標榜圓滿主義。您希望由自己的行動開拓人生，對於對方的慢吞吞、頑固、不活潑、出爾反爾的態度不滿意，並加以輕蔑，這是很自然而起的危機。

您不要焦急，不說出傷害對方感情的話，如果您能夠忍耐，對方也能以寬容的態度對待您，那麼，你們也就相安無事了。

三、和雙子座的結合（吉）

您是熱情派，對方是理性派，你們是很有趣的配合。

雙子座的人，具有很多優點，多才多藝，感覺敏銳如同剃刀，表情酷似小孩。稚氣、機智、博愛、知識豐富，是很理想的伴侶。

他從您的性格中學到人類應有的人格，您則從他那裡學到理性。

你們結合的最大危機是過於單純的慾望和分裂的腦力互相衝擊之時，他沒有像您那樣熱情和認真。您為他的冷靜態度焦急，當您感覺他的輕薄、沒志氣時，是離別的開始。

預防方法是，勿使對方變為神經質，在你們的生活中加上一些遊戲和變化，以增加你們的家庭樂趣。

角相是六十度，屬於火宮的您和屬於風宮的雙子座是相當好的相性。

四、和巨蟹座的結合（凶）

牡羊座的性格是外向、活潑，巨蟹座則是內向、被動的，他們的正負相反性格，若能相輔相成，對雙方都很有利，是好的配合。

當你們抱著共同目標前進時，這種配合可以獲得雙重效果。如果您是男性，而您的配偶是巨蟹座的女性，那麼你們的家庭是很理想的了。

由於您的指導能力和自我意識強，小糾紛會變成大溝渠，本來正和負相遇時才會產生熱情的，但品格高、不易相處的對手，對於您的攻擊會想辦法預防。

你們的性生活不太理想。因他是慢吞吞，您卻很焦急，這是產生不和的原因，須互相折衷才可。

五、和獅子座的結合（大吉）

互相的調和是產生愛情和幸福的泉源，你們同具有熱情如火的性格和羅曼蒂克氣氛，你們的戀愛是很感人的。

互相性格不同之點，是您的野性熱力和對方的藝術創造力，這兩種不同性格，互相影響對方，使婚後的兩人都在感激中共同生活。

獅子座人對人親切、寬大，充滿善意，一輩子可以互愛。但是兩人的缺點是脾氣不好、目中無人，而且對方是獨裁者，遇到充滿鬥志的您，你們一旦開火，就不堪設想了。

不過，你們的相性很好，雖然獅子座的性格不能算好，但吵架後，很快忘得一乾二淨、不會永遠仇恨。因此，您勿把小事銘記在心，應互相諒解才是。因此，獅子座的人是最適合您生活方針的理想對象。

角相是一百二十度，兩人都屬於火宮，好的相性。

六、和處女座的結合（普通）

處女座的人，行動力、獨立心很強，具有纖細的智能和做事嚴謹的性格，他和牡羊座的您，性格不相同，大有同床異夢之慨。

您會從對方的生活中發現您所沒有的許多夢幻生活而感嘆不已，因為處女座人的神經是纖細的，男人有男人的氣概，女人有女人的魅力，而且工作能力也不錯，是可敬的，因此，假如您能夠永遠愛他的魅力，你們是幸福的一對。

但是，對於您的行動力，他的反應可能過於纖細，如果他是男性，可能受到對於女性的固定觀念所約束，和您發生摩擦是難免的。

你們兩人都擔任性質相同的工作，對調和你們的感情很有效。

七、和天秤座的結合（吉凶參半）

天秤座和牡羊座的您，性格互不相同，你們之結合係由愛情之星——金星的效勞。

有一種看不到的力量把你們兩人吸引住了，雖然意志無法相通，但肉體的聯繫把你們連結在一起，使你們維持著多年夫妻生活。天秤座的溫和、和平、愛美、愉快等性格，是您最理想的幫手，也許您會感覺天秤座的人缺少決斷力。

不過，像你們這樣性格相反的人，易招來性格不和的分裂，但是你們的性生活是圓滿的。您勿事事管他、頤使他。因天秤座的人，具有協調性格。

角相是一百八十度，是很複雜的相性。

八、和天蠍座的結合（普通）

陽性和陰性的熱情相結合，會變成熱情如火，使相愛的兩人戀情如火如荼。性的相性是最高的，表示你們是激烈愛情的結合，你們的愛情是成熟的，不是兒戲。

問題在於你們的性格，天蠍座的人獨佔慾很強，嫉妒心也強，而且您有強烈的管理慾望，如果缺乏調和之道，就無法和解了。

九、和射手座的結合（大吉）

這是好的相性，只要你們兩人的理性一致，是很速配的一對。

射手座人博愛、好學、獨立之心很強，對人親切、神經敏銳，您可以從他身上得到精神上的安慰很大，而且他的生活態度也很積極。

但必須注意的一點是，脾氣不好和愛好潔淨的兩人性格，常會發生衝突。他厭煩您的單純性，並會不客氣的對您囉嗦，如果你們的思想不同，互相阻礙對方自由時，就難結合了。你們要設法夫婦相伴，到野外去享受生活的樂趣。

角相是一百二十度，雙方都屬於火宮，相性很佳。

十、和魔羯座的結合（凶）

魔羯座和牡羊座，性格都很成熟，只要能夠互相理解對方，你們的家庭也能圓滿。但是開朗、豪快個性的您，和陰沉、自私、有野心的魔羯座，作風完全不同，行動方向也不同，連體質也不相同，因此，合作不是容易的事。

性方面也無法調和，是不相稱的配合。

角相是九十度，相性不佳。

十一、和水瓶座的結合（吉）

是明朗的配合，也是稀少的配合。

你們的友情濃厚，男人有男人的氣概，女人有女人的魅力，你們的爽朗氣質，會把熱情變成永遠的友情，成為白首偕老的好伴侶。熱情戀愛會變成沉靜的友愛，您的熱力經過他偉大的操縱，無論任何地方，你們都能享受富有變化的生活。

有一點必須注意的是，相互的自由性格，向不同理想前進時，假如對方是很尊重自己意見的，他會很討厭您的干涉，他對性生活興趣缺缺。

角相是六十度，火宮的您和風宮的他，相性不錯。

十二、和雙魚座的結合（普通）

雙魚座人富有魅力、羅曼蒂克的氣氛，是您的理想對象，但是，由於您的性格激烈，在您的眼中的雙魚座人做事有點馬虎。不過，雙魚座人性情溫和，充滿服務精神，您不應對他苛求太多。

他在您的眼中是意志薄弱、沒有熱情的，如果，您因此而隨便罵他，那他就太可憐了，您要給他自信和力量，您則學習包容和忍耐。他的行動消極、保守，您要退一步包容他，那麼，你們夫婦生活是很圓滿的。

第七節　幸福與幸運之年齡

男性牡羊座生者，大抵於三十六歲最幸福。女性牡羊座生者，大抵於二十七歲、三十三歲最幸福。不論男性、女性，大抵以寅午戌年為幸運之流年。

第七章

金牛星座

四月廿一日～五月廿一日

金牛星座，相當於酉宮辰次，包含了廿八星宿中的「畢宿」、「昴宿」（我國古代將廿八星宿勻稱的分配成為十二辰次，每辰次包含兩個星宿，而子午卯酉則各包含三個星宿）。

在希臘神話，牡牛是天神宙斯的化身。宙斯很好色，變成白鳥座的白鳥，在浴室裡襲擊斯巴達，或把特洛伊的美少年擄來做鷹座的鷹，但在這裡是化身白色牡牛，將腓尼基的公主比蘿放在背上渡過地中海。

到達對岸後恢復原來形象，與公主結婚，從此這個地方就叫歐羅巴（歐洲）。這就是金牛星座有名的神話故事。

在昂宿星圖之後的一等紅星，在印度廿七宿是第二位的紅唇，與天蠍座的大火、獅子座的第一星、雙魚座的福馬爾赫特星，是被稱為四王星的

美麗星體。

太陽大約於四月廿一日至五月廿一日，約一個月間停在金牛座上。在此期間出生的人，受金牛座和其守護星——金星的影響，具有各種性格和命運。

金牛座的性格具有優異的感覺力，和求安定的氣氛。

第一節　金牛星座的性格

金牛星座為天體上的四顆美麗的星體之一，凡金牛星座生的人，具有氣質和美麗的容顏。從年輕就受異性的歡迎，能得到各種幫助，但是不會讓自己的心被一個異性掌握，使自己失去自由的情形。

能使對方著迷，但自己卻經常是冷靜的。

在性方面，有貪求長時間快樂與熱烈技巧的傾向，尤其是女性，會要求強烈的刺激。

女性有與生就俱來的美麗容顏，但也有冰一般的冷漠，但這種情形會更使男人為之瘋狂。

不論男女都有一些古怪的個性，但不會影響到婚姻。對結婚會很慎重。相性上適合與一月出生的人，也就是星紀或鶉生人結合。

一、表現性格

溫和、順從是您最明顯的個性，您重視優美和調和的氣氛，您給他的印象是沉靜、誠實、安定。

金牛座的守護星——金星，給您愛好清潔和高尚靈魂，使他人模仿您的沉靜，崇尚您堅定的信念和純潔的心。

您常在生活中，引進新鮮的空氣，您愛清潔，討厭充滿不道德的人心。金牛座的您還具有稚氣和魅力。

金牛座的人，對於自己的內向氣質和消極作風，感覺不滿意，您關心和他人的相處，富有人情味、做事很小心、有忍耐力都是金牛座的優點。但在私生活方面，脾氣不好，頑固、自私，有所謂「牛脾氣」，平時，他是默默地工作，不易發脾氣，但一旦發起脾氣，就會大發雷霆、砲口向家族中人猛轟，驚動了全家族。

金牛座的人，為求和平和安定，心情時常都很焦急。

金牛座的您，愛情濃厚，您的愛情充滿獨佔和獨有的成分，濃度很深，變成嫉妒的可能性很大。

您的性格，希望得到美麗的、相愛的對象，對象不限於事物，還包括工作、人際關係，您不斷努力，想達到您的願望。

您酷愛花草、動物、家具、裝飾品，因為「美麗的」、「快樂的」是您最渴望不過的。

☆附按：

希臘神話中的眾神之王宙斯Zeus，熱愛河神之女依奧，想接近她，險些被髮妻赫拉所發現，匆忙中，把美女依奧變成了牡牛。這是金牛座的由來。

因此，此星座雖是牡牛，但卻隸屬於女性的星座。這個星座是由美麗的少女，裝著牡牛形態的，難免具有許多少女的沉靜、愛美的性格。

金牛座的記號♉，象徵牛角和牛頭，表示愛好和平和堅實性格，又和牛隻一樣，常會發出牛脾氣。

管理星的金星，是愛情之星，此星自古以來被喻為愛和美的女神，具有愛情和結婚之意。金牛座的人接受到純愛的精神，憧憬於優美和快樂生活。

此星還有討厭麻煩的性格。此星屬於地宮，重視實在和有常識的想法，像樹根紮住在地內一樣，有一種堅實的作風。

二、分類性格

把一個星座分為三部分，各部分以十天為一區分，受到性格和管理星影響。

◎第一類（四月廿一日～四月三十日）

受到前星座牡羊座影響。牡羊座是獨立、獨行人物，您的性格也受其影響，有如此勇敢性格。

您的火氣很大，所想到、想說的不隱藏在心中，立刻就說出來，但是您是金牛座的人，不喜歡的不會停止，慢慢來的，雖是牛步，也要做到底。但是，意志堅強的金牛座和如同烈火一般的牡羊座衝突時您就要注意了，必須發動您溫和、堅忍的心情去克服，消滅燃燒中的怒火。

您還具有少部分的天蠍座性格。灰暗的熱情會變為強烈性慾，或會變為寡言沉默的人物。

◎第二類（五月一日～五月十日）

純正金牛座，此型人為人誠實，做事認真，唯一缺點是慢吞吞。

但是您的強烈信念具有強大影響力，最後，人們會信任您的言行。您受處女座的影響，使您具有羅曼蒂克感傷氣氛，另一方面，您也有重視現實性質，這兩種互相矛盾的性格，使您煩惱不已。

◎第三類（五目十一日～五月廿一日）

受到不少雙子座的影響，使您的談話態度爽朗、有理智，減少您的金牛座慢吞吞性格。

而且受到魔羯座影響，保守、野心強，能忍受辛苦、樸素的人。

第二節 金牛座的命運趨勢

金牛座的人愛好和平，性格溫順堅實，生活安定，做事慎重，安全第一，生活富裕，喜愛和平環境，重視責任，做事態度仔細、不馬虎。

您不喜歡在城市中和人交際，喜愛郊外的安靜，過樸素生活，您受到許多人所歡迎，前輩以及您的部下也喜歡您，但您無法獲得很多朋友。

您的子女不少。

您有時會過著辛苦生活，但您的辛苦並沒有白費，都是導引上成功之途，「勿焦急，慢慢走」應該是您的座右銘。

您的辛勞最後終有開花結果之日，只要有決心，幸福之神一定會和您打招呼的。沒有計畫和焦急會阻礙您的工作進展，和您的命運前途有關。

其次是工作態度，做得到的就做，不能做到的勿過於勉強，勿貪心。

您要持心曠神怡之態度，內心的緊張和辛勞對您有害無益。

第三節　金牛座的職業和財運

肯努力、追求美好生活、具有創造才能，並把它應用於現實生活，以上是金牛座人所具有的優點。

金星的暗示，使您選擇提供美和快樂給他人的職業，而且地宮又暗示您選擇適合您的手藝職業。

您適合擔任用眼睛、鼻子、舌頭的職業，只要經過訓練，您就能把數十種的不同味、香識別出來。您雖然做事速度緩慢，但您的成果安全性最大，所謂「慢工出細活」。

金牛座的人，勿亂想一夜之間成鉅富，您只有努力勤勉做事，獲得應得的利益。金牛座人大都會為金錢問題煩惱。假如，您幸運地獲得錢財，但因慾望過強，貪得無厭，會自討苦吃。

◎您的適宜職業

廚師、烹飪研究家、裝飾品店、時裝師、藝術家、園藝、畜產業、美容師、房地產業、音樂家、香料製造業等。

◎不合適的職業

投機生意、職業運動家、精神病醫生、偵探。

第四節 金牛座的健康運

您的身體很健康，您的身體重心在咽喉、頸部、耳鼻。您的神經集中於咽喉，其敏銳的感覺器官易發病。

您的頸部力強，但發脾氣會不省人事，而且胰臟和腎臟缺少血液與精力而變弱，因而使咽喉、胰臟的病症變成致命傷。

感冒時鼻子和咽喉首當其衝，變成耳病，您具有強壯體格和體質，但您常因工作過勞，招來病痛，而且恢復力很慢，勿過勞。

◎您最易患的病症

耳鼻喉的諸症、扁桃腺炎、甲狀腺症、腎臟病、糖尿病、膀胱炎、眼病。

◎易生病的年齡

七歲、十歲、十三歲、二十二歲、四十三歲、四十六歲、四十九歲、五十五歲。

第五節　金牛座的戀愛和結婚趨勢

金牛座的守護神是金星，而金星是愛的女神維納斯，因此，您的愛情運應該不會差，您不會被熱情所吞沒，過著堅實優美的愛情生活。您深奧、溫暖的愛情，可以緩和異性情緒，把他導引入您的氣氛中。

憧憬於溫和、優美性格的您，不善於表達感情，但您卻具有沉靜魅力，受到他人的歡迎。可惜，您的性格有點頑固，並有強烈警戒心，這些都阻礙了您愛的表現。

您的愛如同花瓣的呼吸，緩慢而自然，而且其愛越真實，就不以結婚為條件，或利用做為其他手段之用了。

您不做戀愛冒險，但您喜歡獨佔您所愛的人。您的熱情相當可嘉，因此，會為祕密戀愛而煩惱。您的命運中，有和配偶死別的可能。注意獨佔慾望和嫉妒心。

金牛座的女性很富魅力，謙讓堅實，婚前擇偶很慎重，最後做出她自己的抉擇。她的結婚不為子女或性生活，她所希望的是純潔的愛情，她要獲得精神和物質雙方面都有確實保證後，才會獻出她的心和身。

關於結婚運，婚後的經濟生活不錯，可惜，婚後易發怒、頑固、嫉妒、缺乏人情味，在情緒上所受痛苦很大。

不過其性格相當溫厚，身體健康，家事做得有條不紊，獲得他人的信任和愛，給男性印象不錯。

金牛座的男性很純情，有點稚氣，但對女性相當自私，他易得到年紀比他大的人的青睞，因他具有點「嬌氣」。

戀愛中的女性雖然受到他的頤使，但大都能唯唯諾諾地跟著他走。婚後一進入家庭，會變成好丈夫和好爸爸，因他很負責、認真、誠實。

性生活強，但一遇到經濟問題、家庭經濟不如意時就會減少性慾了。

第六節　金牛座和其他星座的結合

一、和牡羊座的結合（普通）

您的性格堅實，牡羊座的人富有行動和指導能力，他愛您的和藹，您愛他強有力的決斷力和熱情。

只要把您的緩慢性格，和對方的焦躁缺點好好地配合起來，就會變成一對好伴侶了。反之，假如您討厭他的暴躁和赤裸裸的鬥爭心理，他會變得更暴躁，使你們的感情無法持久了。

你們要以相輔相成的態度，使你們的步調一致才是。

二、和金牛座的結合（大吉）

同一星座配合，互相共鳴部分很大。

他們對趣味、嗜好很敏感，時常都在追求志同道合的人，性格和興趣相同，使他們不受任何阻礙，使愛情能夠相通。

夫妻性格完全一致，雖然不會招來決定性的破滅，但會變為惰性結果，而且你們兩人都很頑強，互不認輸，一旦不睦就會留下禍根。

三、和雙子座的結合（普通）

為人爽朗、愛好自由、說話幽默、表情帶有稚氣的雙子座人，對於喜愛堅實、有安全感的您，是夠具魅力的。

金牛座的您和雙子座的他，可以做真正愛情和自由個性交流，對方的神經質、焦躁，需要您的溫暖心情去安慰他。但是對方多情、多興趣，可能會討厭您的慢吞吞態度，也許您會懷疑對方性格。您必須理解他活潑而自由的精神。

具有雙重性格的雙子座人，在他所討厭的安全生活中也不能獲得滿足，這是需要您去安慰他的。

四、和巨蟹座的結合（吉）

是一對理想的配合，你們具有獻身的愛情和包容力，兩人都愛好和平，為對方服務。你們應互相安慰，勿破壞雙方的感情，而且對方是愛孩子、愛家庭的、勤勉的，您要和他合作，建設美好的家庭。

如果，對方是男性，你們的性格都是消極的，在社會成功就較難了。

五、和獅子座的結合（凶）

獅子座人很羅曼蒂克，包容力很大，做為情人或伴侶都很理想。但問題在於您能不能接受他如此豐富的愛情？

假如，您從他的性格中發現虛榮心、自大心理，和您的頑固獨裁型性格，勢必發生摩擦。因此，您必須好好地接受他的善意，退一步寬容他了。

六、和處女座的結合（大吉）

處女座人做事正確、周到、內向、勤勉，是您的好相性，但由於雙方都比較消極，要確認愛情相當費時間，但是您所期待的和平家庭一定會實現的，不要躊躇，勇敢地前進吧！

問題在於對方很冷靜，但是，對此，您不必過於勞心，因為勞心會使您招來不幸。你們必須在同一趣味中生活和遊戲，您的安定感情可以沉靜對方的神經質、纖細的情緒動向。

角相是一百二十度，同屬於地宮，相性是好的。

七、和天秤座的結合（普通）

你們同生於金星下的一對，同樣愛美，憧憬於優雅、和平生活，不過，天秤座人比您更富有社交能力和魅力，您是堅實型，他是爽朗型，你們必須用互愛來建構一個美好的家庭。

但是當您發現對方有輕佻成分時，你們的愛情會發生變化，你們雖然不會產生悲劇，但做事慎重的您和浪費的他，在生活上會發生許多衝突。你們是性質很相似的同志中，留下缺點最多的組合。

八、和天蠍座的結合（普通）

你們的性格相反，你們的相會由熱情而結合，你們各具有獨佔慾望，獻出自己全部給對方，向人生大道邁進。你們的成熟熱力充實了性生活。

你們的嫉妒心很強，而且對方具有性的虐待狂癖，傷害了您的感情。因此，您的行動要特別注意，勿招來悲劇才是。

九、和射手座的結合（普通）

射手座的人愛自由活動，您是堅實、神經很纖細的，你們的性格相差太多了，不過，這種結合中，只要你們發揮認真性格，前途就幸福了。

你們要互相尊重對方性格，發揮高尚品格，則重視家庭的您，和才能豐富的他之間，就能開拓優美人生。

您勿露出您獨佔的慾望，去束縛對方，也不過度指摘他的缺點，互相善意的注意是可以的。

十、和魔羯座的結合（大吉）

你們兩人配合不錯，互相的勤勉、堅實的生活態度，以及能幹的做事能力，在金錢運和職業運都可以得到安定生活。

他肯努力、勤勉、樸素，有時會感覺很寂寞，具有成人氣氛的魔羯座人，和您能夠建設一個很安定的家庭。

有一點必須注意的是，勿過於計較，以及發現他有冷酷態度時，您是不便於發脾氣的。

角相是一百二十度，同屬地宮，相性是好的。

十一、和水瓶座的結合（凶）

他具有新鮮泉水一樣的魅力，您具有溫和、豐富的感情，從第三者立場看來，你們是很相配的一對。

你們的性格都很溫和，但感覺和慾望就不大相同了，那是和失望、不信任有關。您憧憬於對方的心理，並不能由您獨佔。因對方很討厭人家束縛他。只要你們互相注意勿失去自由和理解，你們是具有公平心理的，一定能成為好的對象。

角相是九十度，相性不佳。

十二、和雙魚座的結合（吉）

雙魚座的人，神經纖細，您具有安定的愛情和熱情，你們同有幽靜的魅力，是好的相性。

你們是充滿共感和熱情的好伴侶，互相安慰，擴大見解，過幸福的生活。可惜，對方沒有像您那樣重視貞節，而且氣氛很易變化。因此，感覺失望的都是您。

這是好的結合，您必須和他合作，增加生活樂趣。

第七節　幸福與幸運之年齡

男性金牛座生者，大抵二十八歲至三十歲最幸福。女生金牛座生者，大抵二十三歲至二十七歲最幸福。不論男性、女性，大抵流年逢巳酉丑年皆為幸運之年，雖然遇上容易生病的年齡，也能逢凶化吉。

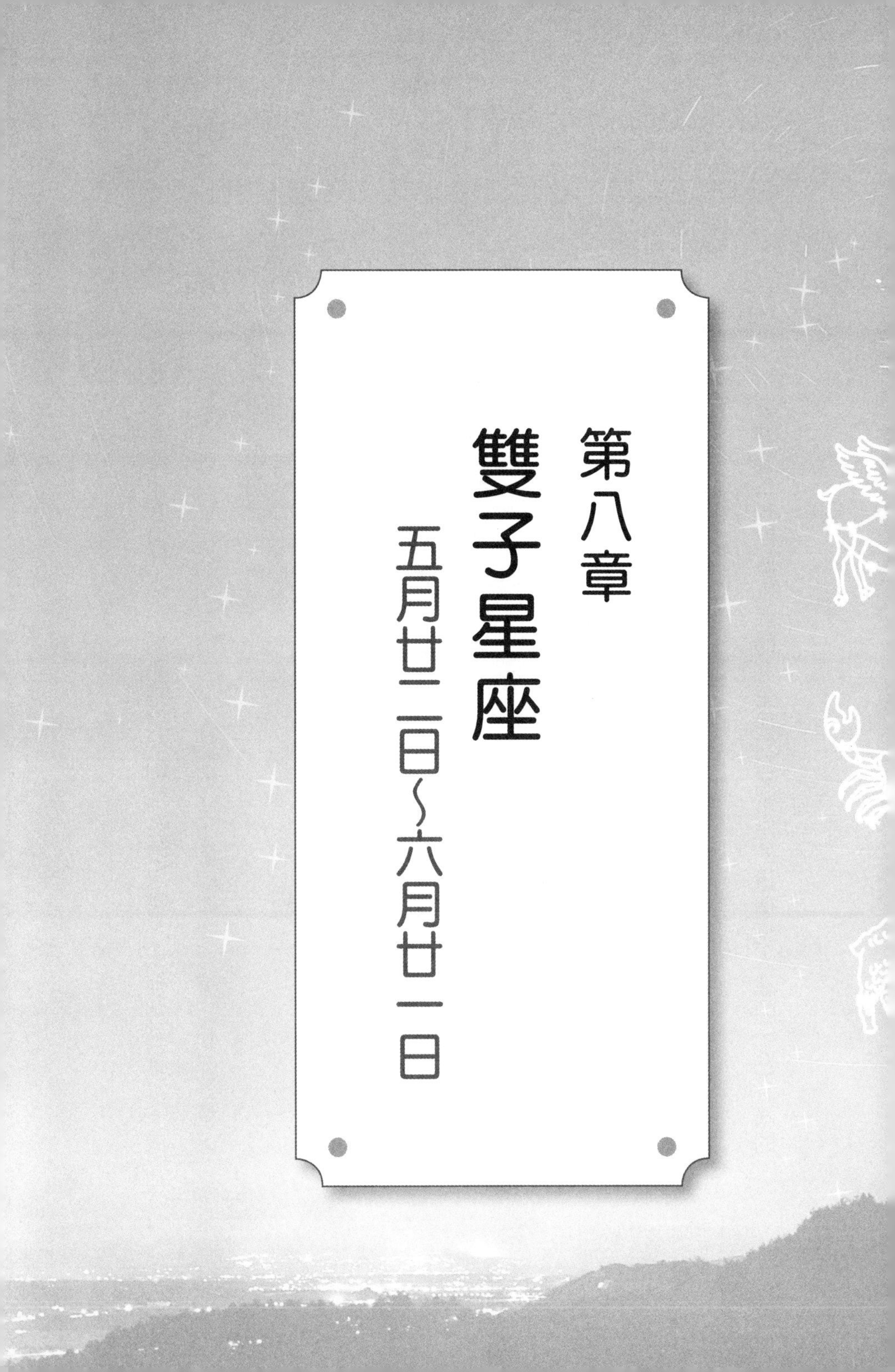

第八章
雙子星座
五月廿二日～六月廿一日

CH8 雙子星座

雙子星座，在古代之「果老星宗」則稱為陰陽宮，或稱為「實沉」辰次，包含著廿八星宿的「參宿」、「觜宿」，參與觜包含著三顆二等星，整年在天空中閃爍。

這星座居西方，與東方的心（商）宿對沖相背，二星宿一出一沒，從未同在天空出現，因此比喻兄弟失和、不睦，或人生分離而永不相遇。

大部分的人都知道的「三星」，命名為參，但不僅是這三顆星，而是整個夜空的星體像參字的關係。

在秦朝據說就將參字之頭，也就是將獵戶座獨立，再配以觜，然後將參視為白虎，觜就是它的鼻頭了。

總之，獵戶座是星座中之王，以肉眼也可看到由一百三十顆星形成的燦爛獵人。

由海神波基頓與亞馬森的女王耶利亞蕾生的這個巨人獵師，在各國的傳說或神話中，都會出現。

大體上說，太陽於每年五月廿二日至六月廿一日的一個月間停在雙子座上，在此期間出生的人，受到雙子座及其守護星——水星的影響，具有各種不同性格與命運。

雙子座的性格中有智能和雙重性格，並且要求智能交流的慾望。

第一節　雙子星座的命運趨勢

在中國的相書上說，相當於參星生的人，一生都富有，壽命也長，但骨肯是常搬家的人。

就如獵人在傳說中被視為勇者，代表勝利或征服，這個宮出生的人，有嫉惡、重秩序的性格。

在男性來說，會是過分認真的人，雖然會受到信賴，但為人的心胸不夠寬大，也就是缺少容人的雅量。

常會受到年長女性的愛護，但成長之後會變得很潔癖，有家庭時能保護妻子，可以說絕對不會有外遇。是標準的一個蘿蔔一個坑主義者。

如是女性，就是能注意到小事的良妻型。

在性方面，不分男女都不很強。但因好奇心強，喜歡變換姿勢多方研究，可是不會沉迷於色裡。在明亮的地方，因害羞熱不起來。除非是密閉的暗室，否則就不會有大膽的動作。相性與壽星出生的人吻合。

雙子座由天文學上說，由冬天至夏天，位於近南方天空上的。根據神話傳說，兩顆輝煌的星，為兩個人的頭部，站在右邊的是卡斯特，左邊的是勃爾克，兩人互助，為馬術、劍術名人，勇武雙全。

雙子座記號Ⅱ結合兩個武士的姿態。表示雙重性，相反的兩個共存姿態。

雙子星座的管理星是水星，是羅馬神話中傳命令的天使。您的傳達情報能力，接受自這星座的能力。

雙子座人是富有理智的商人，充滿自由之心，具有善辯的社交家氣質。

一、表現性格

雙子座的人，如其名所示，在兩個物體上表現出雙重知性和友愛，以及相反的兩者之間相吸引的願望，您很會說話，不願嵌在一個形態裡，做事態度很積極。

您具有多方面才能，以及受星座給您的雙重性格和管理星的水星影響，使您善言雄辯，此為雙子座人具有機智的最大原因。

雙子座人外觀很熱誠，但心中卻很冷，因此，對異性也就無法熱絡起來了，他們看來很開朗愛說話，但有時卻會變得非常沉默寡言，雙子座的其中一個性格是脾氣乖戾的藝術家態度，另一個性格是開朗的社交家，這種雙重性格使您生活發生了矛盾。

您是群眾中的中心人物，但有時被迷惘和不安所驅使，使您的心情動搖了。

這兩種心理緊緊地聯繫著，您的生活很活潑，能做臨機應變之舉；但這兩個心理分離時，您的心中有了兩個極端，使您陷在兩極端中，受到矛盾之苦。

雙子座的管理星——水星是傳達之星，這是使您希望和許多人做知識交流的表現，您所說的許多話並不是無稽之談，大都和社會有關，而且您也很願意參加這種集會，雙子座人性格開朗，愛活動，有豐富話題，有輕妙的機智，氣氛是優雅的。

反之，他們也有相反的一面，黑暗和激烈、神經質、不好相處，有精練的一面，也有粗野的一面，有強、有弱，都很矛盾，他們往往會為此而煩惱。

你們要好好利用此種性格，過著聰明而有理智的人生。

二、分類性格

一個星座，可以分為三種類，它們各以十天為一區分，接受性格和管理星影響，發生細微不同的性格。

◎第一類（五月廿二日～五月卅一日）

受到前星座金牛座的影響，金牛座意志堅強，有點頑固性格，他們憧憬於美的生活，心地善良，影響到您的性格。

雙子座本來的智能才氣，加上金牛座的堅實，使您具有以上的性格，可以說是人生勝利者，並在您的生活上增加不少藝術氣氛。

而且您還受到射手座影響，為人親切聰明、才能豐富，您的唯一缺點是愛亂罵人，並接受水星的饒舌性格，會因胡言造謠生事，判斷力差和輕蔑他人也會影響您的命運。

◎第二類（六月一日～六月十日）

屬於純正的雙子座，富有機智、可愛、生活活潑。

此類人多才多藝，對學問、藝術、運動各有一手，文武雙全的魅力足以吸引異性。他們的雙重性格極強，熱情、冷淡、優雅和輕浮，愛和恨，並會同時愛上複雜的兩位異性。

不安定、神經質的心理，往往只會沉溺於快樂的深淵，討厭平凡生活。您本來具有聰明和智慧，只要您的態度不因聰明而自大，那麼，您的智慧會使人的心情爽朗愉快，受到敬愛。

◎第三類（六月十一日～六月廿一日）

受到下一星座巨蟹座影響，情緒激烈，富有羅曼蒂克氣氛，屬於女性型。而且感受力強，易傷感，您的基本是雙子座，具有智能，這種智能使您才華橫溢。

您也受到水瓶座影響，天王星使您的人格清白、思想進步，富有友情。您對藝術、學問表示關心，由於您的行動和思想都很進步，從第三者立場看，往往您的行為好似脫離了常軌。這一點要特別注意。

第二節　雙子星座的命運趨勢

具有雙重心理的雙子座的您，大都生活在兩種事情中的為多，而且，在如此狀態時最能表現您的本來姿態，因您無法生活在沒有變化的單調生活中。

您的智能適應性很好，在任何環境中您都能適應地生活下去。您要好好利用與生俱來的特質傳令力，如此可以增加您的人生希望。

分裂傾向多的，迷惘也多，會遇到許多障礙，您要增加您的教養，開拓您的命運，親近文學作品，養成好的興趣。

當您專心做一個工作時，也會注意到其他工作而兼職，年輕時您要好好利用您的社交性，對各種事務表示興趣，有一事必須注意的，您在人生中途會發生性格和命運的矛盾，使您的中年起伏不定。

您的異性關係相當複雜，因此，煩惱也多。

你的家庭平平、不複雜，兄弟姊妹關係也很密切，你們來往，有時是幸，有時是會發生不幸。配偶運氣不錯，但再婚可能性很大。

好好利用矛盾的兩種心理，您的人生會變為生動而有趣，千萬勿因不滿和焦急而自討苦吃。

第三節 雙子星座的職業與財運

雙子座的人，多才多藝，為二元性才智，思考力強，轉變快，什麼工作都會做。

多才多藝的您，同時能擔任許多工作，表現和說話能力特強，具有先天性推銷能力。雙子座人愛好自由，不願接受他人強制，討厭每天沒有變化的工作，他不適合做單調工作。

對於環境適應力很強，您可以運用明快思考力和迅速行動力，和您的敏銳才智，訂立您應該走的道路，此為您選擇職業捷徑。

您應選擇用手的工作，用指頭工作、用言語能力工作，有變化、多樣性——工作內容複雜的工作。

雙子座的人，財運由交際中得來。您的財運不強，因為您的收支不平衡，不善於儲蓄。

雙子座的人，賭運、投機運不錯，不過您的金錢來源大都由來往經商中得來的，因此，要以信用第一，和他人多接觸，開拓財源。

◎您的適宜職業

社會福利事業、新聞雜誌記者、翻譯、商品推銷員、作家、外交官、貿易、運輸、交通、空中小姐等。

第四節　雙子星座的健康運

您是神經質、瘦型的人，雙子座記號表示兩條神經——腦神經和末梢神經，其優秀、敏銳的感受力，促進身心緊張、勞心，因此，易發生神經痛、神經症了。

過度緊張和愛好潔淨性格，易使精神不安，因失眠而引起精神分裂症，單調環境和無興趣的工作易使神經發生異狀，而且您為了保持神經平衡，比一般人多消耗兩倍熱力，可說您的體質是很纖細的了。

因此，您的排泄器官和生殖器官的機能也很不安定、不順利。應設法在日常生活中使生活有變化，注意神經開放是最要緊的。

◎您最易患的病症

肩、腕、手指的神經痛、精神障礙、痔、便祕、陰囊炎、膀胱炎、卵巢炎。

◎易生病的年齡

十五歲、十八歲、二十一歲、二十四歲、二十七歲、五十一歲、五十四歲、五十七歲、六十三歲。

第五節　雙子星座的戀愛和結婚趨勢

雙子座人具有一種可愛的魅力，年紀雖大，但仍童心未泯，不過，您的心中具有一股清醒的智能，您的愛不會沉溺於任何狀態中。

當您發現了偉大異性，當他人很羨慕著您的愛情時，您的態度仍然很沉靜，您雖然很愛他的優點，但也發現他的缺點，結果，使您的愛和恨參半。做為戀人，您是不幸的。

您的心中，有熱衷和覺醒、寬容和排斥、信賴和懷疑、誠實和欺詐等性格都混合在一起，而且您也發現對方心中也有此現象，您雖然在熱戀中，但實際您是很清醒，您討厭他，卻又愛他：很喜歡他，卻不能愛他，為這些相反性格苦惱不已。

有時同時愛上兩個人，做戀愛賽跑，變成太保、太妹的不少。其中也有嘗試祕密戀愛的也不少。

雙子座女性大都具有可愛童顏，因為她們的二元性性格，使她們變為複雜人物，她們易厭煩性格單純的異性。

結婚後，努力於家事，可惜，她們討厭單調生活，因而失去主婦資格，她們常外出，喜歡閒聊，如果，妳能找到能理解的男性，妳的婚姻生活是幸福的，但因妳的持久力很弱，很快發生厭煩，因此，妳的再婚可能性更大。

子女運不好，有生產雙胞胎的可能。

雙子座的男性，臉型和性格都很年輕，具有知性面貌和男性性格，性格和外觀都很富魅力，很受女性所歡迎，太保型性格改變了雙子座男性的性格，使他們的聖人型性格搖身一變，變成愛玩的男性了，使他們容易在婚前就已與異性發生超友誼關係。

第六節　雙子星座和其他星座的結合

一、和魔羯座的結合（吉）

魔羯座人熱情、有魄力，您是輕快、有變化，兩人都很活潑，你們是相輔相成的好結合。

他具有堅毅意志和實行力，幫忙您的迷惘性格，您則運用您的機智消除他的易怒性格。

但是如果您過度懸念對方的單純，粗野性格，變為神經質，就會招來不幸，你們最好找出共同興趣，享受戶外生活才好。

二、和金牛座的結合（普通）

你們的性格幾乎近於相反，您善變，他堅實，您多才多藝又多情，他則是慢吞吞不斷努力型。您具有變化和安定的雙重性格，而金牛座的人所具有的安定性，對您是非常寶貴的，您可以從金牛座人中解除您不安的神經質。

如果，您希望從金牛座的人去求變化，求戀愛賽跑，你們的結合很複雜，而且他在溫和氣氛中，含有一股熱情，您別笑他枯燥無味和傻勁。

三、和雙子座的結合（大吉）

你們是相似的一對，屬於同一星座，具有共同性格和體質，互相求變化和享受戀愛樂趣，能夠輕鬆交往，如同兄妹。

性生活都是技巧派，相性也不錯，是理想的一對，因有如同兄弟的關係，缺少情緒性，因此，當雙重性很強時危機就會來臨。

你們的共同缺點是多情、缺乏耐性，做事不太認真。

四、和巨蟹座的結合（普通）

永遠具有稚氣的您，和含有溫暖包容力的他，您可以受到他的撫慰。巨蟹座人，很會照顧家庭，愛情深厚，連男性都具有母性愛，他會保護您的不安定心情。

但是，您千萬別用粗魯言語笑罵他的多情，因他很易感傷，而且脾氣不太好，別譏笑他。

五、和獅子座的結合（吉）

獅子座人很熱情，性格開朗，你們的結合是爽朗快樂。做為結婚對象或遊伴，都具有溫暖氣氛，您的知性和他的羅曼蒂克的個性，具有良好氣質的結合。

戀愛時代以及結婚後，你們若能志同道合，做同樣工作和有同樣樂趣，那麼，你們的人生就很有意義。

為了保持你們結合於不變，您別使他難堪、生氣，您並獲得他的保證，不束縛您的自由，您的心情複雜，但對方卻很單純。

角相是六十度，相性是好的。

六、和處女座的結合（凶）

你們同受水星的管理，有纖細的神經質，和知性的雄辯兩種共同性格。

但是，你們的共同點也有細微出入，您倆的談話都是理直氣壯，有時互不相讓，因而發生摩擦的機會很多。加上對方要求正確和周到，使您吃不消。如此影響了你們愛的交流。

為了使雙方和好相處，你們勿亂吵罵，並感謝對方的包容。此種結合最適合夫婦同有職業或商人夫婦。

角相是九十度，相性不佳。

七、和天秤座結合（大吉）

天秤座的人，具有溫和、精練的感覺和作風，您可以從他們之中找到生活理想的一致，做共同生活的對象。

你們的魅力優雅地交融著，表示您倆的生活永遠幸福，你們的性生活也佳，熱情之夜是屬於你們的。

你們的結合缺點是，互相都很迷惘且浪費，使你們兩人生活沒有節制，但是你們兩人無論異性、同性都很受歡迎，使你們因多情而煩惱。

子女運不錯，你們各具有社交能力，只要你們互相克制自己缺點，家庭是幸福的。

角相是一百二十度，相性很好。

八、和天蠍座的結合（普通有時變凶）

雙子座的性格，個性爽朗，天蠍座卻有些陰鬱，你們很難配合。您的性吸引力可以使情人愛戀於您，奉獻他的一切給您。首先，您很感激他，但後來，您卻會為他的獨佔慾敬而遠之，想逃出他的枷鎖。

雙子座的您喜愛自由，想展開翅膀翱翔天空，但天蠍座人卻把思想集中，沉潛在熱情和灰暗情緒中，你們的結合在思想上已有很大差距了，為了幸福，您別出賣他。

九、和射手座的結合（吉凶參半）

你們兩人的結合是命運的，兩星座間的角距離是一百八十度，這種角度用協調和牽引力相結合，會有緊張和衝突的氣氛。

你們雖然處在衝突和緊張的氣氛中，但你們是超越理性相結合，經過多次歷練，獲得協調生活。

射手座人有理智、有禮貌，他的思想和信念使您起敬，也會因他多采多姿的魅力而著迷，您會從他那裡學到理想主義，他則學到您富有智力的個性。你們之間的危機，在於互相發現才能，發生爭論時，因你們各具有敵對的個性，這種個性一旦加深了，就很難收拾。

十、和牡羊座的結合（普通）

具有孩子稚氣的您，和勤勉具有成熟氣氛、肯負責的他做為配偶是很相配的。可惜，你們之間沒有共同點，而且含有一股憂鬱的氣氛。

您討厭對方的嚴格，享受追求自由，你們應儘量在工作上取得協調才好。

十一、和水瓶座的結合（大吉）

是很理想的結合；他的純正性格，您的愉快氣氛，你們之間是由美麗和友情而建立的。他有點好奇心，不誇示自己的能力，您會發現他的精神和肉體方面，都充滿著清新氣氛。你們愛好自由心理，享受自由生活，你們的生活是幸福的。

你們的唯一缺點是情緒方面，自由並不是要你們各向東西分開，你們要多設法共同在一起，則幸福屬於你們的。

角相一百二十度，相性不錯。

十二、和雙魚座的結合（凶）

雙魚座的人具有詩情畫意的抒情性格，雙子座的您，才智橫溢，算盤打得相當精，你們的結合，相性不理想。性格率直的您和熱情如火的他，因為都有神經質，這種性質一旦衝突起來就太麻煩了。

因您希望從他的性格中，求到和藹和羅曼蒂克的氣氛，因此，您認為他是您的理想對象，雙魚座人具有服務精神，對於您是難得的異性。

可惜，你們都沒有機會互相表示自己的心意。

角相是九十度，相性不佳。

第七節　幸福與幸運之年齡

男性雙子座生者，大抵以二十九歲為最幸福。女性雙子座生者，大抵以二十三歲為最幸福。不論男性、女性，凡遇辰子申流年皆為幸運之年。

第九章
巨蟹星座
六月廿二日～七月廿三日

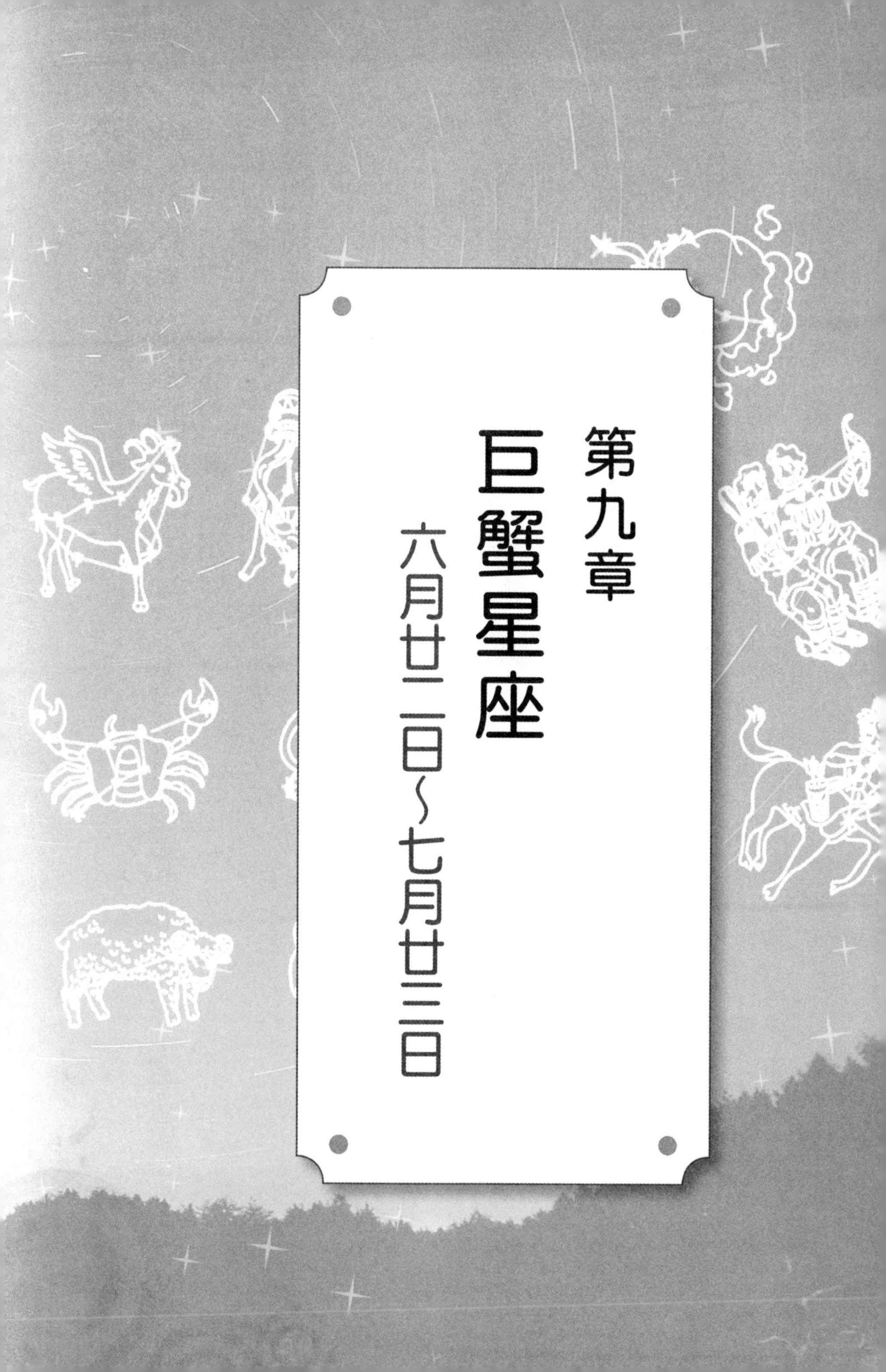

CH9

巨蟹星座

巨蟹星座相當於未辰次，或者由於歲差的關係，或者由於方便廿八星宿分野的關係，我們把代表「雙子座」的「井宿」也歸劃到未宮來，其實它佔有了未宮的大部分及申宮的小部分。

巨蟹座為鶉首，包括了廿八星宿的「井宿」、「鬼宿」。書云：「井星是南方第一宿星，色明則國泰民安，失光則連續發生災禍。生於此星，雖妻子緣淡薄，但是晚年安樂。」

鬼星也有好的晚年，可能是因為年輕時辛苦的關係。

鬼星是西方所謂的蟹座。

相當於背殼的四方形部分，中國是形容「四星棚方似木櫃」，拉丁名是「馬槽」，英文名是「蜜蜂巢」，各國的看法都不相同。

井是雙子座，相當於二等星卡斯托爾與一等星保爾克斯排列的部分。這個星又有「亞當與夏娃」、「兩隻孔雀」（阿拉伯）、「兩棵年輕樹」（埃及）等名稱，各國都不同，中國又稱為「北河」。

太陽大體上於六月廿二日至七月廿三日的一個月間停留在巨蟹座上，在此期間出生的，受到巨蟹座和其守護星——月亮的影響，具有各種不同性格和命運。

巨蟹座的性格中，具有母性愛和為防衛奮戰的命運。

第一節 巨蟹座的性格

大抵巨蟹星座出生的人，性格剛強，喜求安定與戀家。

到晚年，會得到遺產等偶然得到財產的幸運。而井和鬼都有晚年的好運，所以在中年前就會苦一些。但年輕時的辛苦，對這個星宿生人發生磨練作用，產生奮鬥意志。

這種情形男性成為優點，在人生中能成為勝利者的武器，可是對女性則成為失去女性美的因素。

不分男女都有強烈的獨立心，不愛在別人指揮之下工作，所以組織家庭後，男人就成為獨裁丈夫，女性就會主張女人至上主義。所以不慎重選擇對象，就無法成立愉快的家庭。

這個星宿的主人，到床上就要掌握領導權，要征服對方，不然的話，充滿精力的身體就不會得到滿足。特別是女性喜歡女上位姿勢，可是有熟練的技巧，不會使男人感到厭膩。

相性是與大火生者吻合。

每年三月下旬的夜晚，在南方天空上，您會發現由四個星形成的螃蟹甲殼狀星座，甲殼周圍尚有數個小星形成的螃蟹腳狀。

巨蟹座人防衛自己的能力很強，相傳女神赫拉部下的一隻螃蟹也很會防衛自己，使生於巨蟹座的人也受到這種性格。巨蟹座的記號♋，象徵愛情、防衛、教育、黨派。

管理星是月亮，月亮是女神黛安娜的化身，她具有女性的特質，很愛護家庭，由於月亮受到人人所愛，因此，巨蟹座人適合擔任以大眾為對象的生意，這暗示著巨蟹座人的人緣很好。

巨蟹座在精神上個性受占星學上代表變化的月球影響，因此，巨蟹座的人生變化多，具有流動命運。

月亮是代表母性、一般大眾、家庭、流浪、變化、居住之星，因此，巨蟹座人愛好家庭，有溫暖包容力，這個可從巨蟹座記號所表示的乳房和兩手腕，同人類內部集合的形態看出。

此星座屬於水宮，水宮表示神經纖細、同情心很強、易傷感的不安定型。

一、表現性格

巨蟹座人性格內向、溫和。

巨蟹座是女性宮代表星座，是母性的星座，頗富情緒充滿愛情，其愛屬於母性獻身型。一生抱著如同賢母那樣的夢和希望。

因此，雖然失去期待後，也會再產生新夢的，您雖然會產生許多夢的豐富想像力，但另一方面也會敏感地捉住周圍人的心，溫和地安慰他們，有時也會嚴格地注意他們。

巨蟹座人適應力很強，記憶力不錯，有模仿力，把他人的智慧和意見消化成自己的，由於母性愛中具有防衛本能，因此，開朗、和藹的反面，卻有冰冷、反抗的性格，強烈的還會排斥他人，變成神經質的人物。

您的自尊心很強，而且感情的振幅也大，易感傷，為過去的事難過不已。您的自信心強，願意犧牲自己，受到他人的愛惜。

巨蟹座人很重視家庭，家事能力強，您的好惡很大，因此，和他人的來往，必須持大公無私的精神。

二、分類性格

把一個星座分為三個區分，以十天為一區分，各區分受到管理星的影響，有了細微的性格上的不同。

◎第一類（六月廿二日～七月一日）

受到前星座雙子座影響。雙子座多才、爽朗、愛好活動、智慧聰敏、童心未泯。

具有巨蟹座的憂鬱性格，並兼有雙子座的活潑個性，氣氛比較易變化，是矛盾現象。情緒有時好有時壞，同時並兼有魔羯座的難以親近性格，不過您的工作能力不錯，相當能幹。

◎第二類（七月二日～七月十二日）

屬於純正的巨蟹星座，感受力強的情緒型個性，做事有毅力，愛護家庭。第二類中，如果不受其他的星座影響，是屬於母性型，具有強力保護本能。由於您是勞心的人，煩惱過多，易患胃病。

您的感情比意志更強，氣氛的好壞受到他人的影響成分很大，您並受天蠍座、冥王星的影響，有一些陰沉而激烈的感情。

您的性魅力被壓抑著，但自尊心和慾望很強，具有神祕部分。

◎第三類（七月十三日～七月廿三日）

受獅子座影響不少，十九日以後出生的更強。

此類人的基本是巨蟹座，管理能力不錯，為人開朗，自尊心強，追逐理想，為人親切，希望站在群眾中心管理他人。

您也受雙魚座影響，增加您的同情心，對於任何人都是持博愛主義，您易與他人相處，努力向上的心理特強，具有強烈感受性。

您是羅曼蒂克的情緒型人，喜歡漫遊幻想世界。

第二節 巨蟹星座的命運趨勢

管理星的月球，有盈虧現象，運行速度很快，因此，巨蟹座人生變化和浮沉很大。

您的人生中，有幾次很大轉換期，突然獲得他人的青睞，大出風頭，名利雙收。有時意料不及，一夜之間變成鉅富，有時也會遭到人家陷害而一敗塗地，您的命運的確非常不安定。

巨蟹座人家庭生活和其命運有密切關係，自幼年至成人，都一直追求家庭生活的安定，因此，如果幼年時代嚐過家庭不幸，至成人期間仍無法脫離辛苦，他為求安定生活，繼續過流浪生活，至建立家庭時為止。

您在孩提時代，接受過母親的無限慈愛，因此，不管年齡多大，仍無法忘卻母親之愛。不幸失去慈母的人，對母親的憧憬懷念格外之深，但您的父親運和配偶運不太好。

少年、青年時代您是好學生，獲得老師、上級、好友的援助。

巨蟹座婦女是理想的主婦和母親，婚後建設溫暖家庭，過幸福生活。此星座的男性也很愛護家庭。

您的命運中暗示著您和大眾的來往機會很多，因此選擇職業時也要以和大眾有關的工作較理想。

第三節　巨蟹座的職業與財運

巨蟹座的特點是集大眾的人緣於一身，適合滿足大眾慾望的職業，和他人的來往中，不但增加自己能力，還充滿了大眾精神和物質生活。

巨蟹座的您，為人親切，勇於解救他人，頗富人情味，因此，您最適合做和大眾有密切關係的工作。

您應利用您的豐富記憶力和溫和性情於您的工作上，而獲得成功，而且您擔任以女性為對象的職業也能得到如意成績，您適合和他人合作，不適合一個人從事某種職業研究的工作。

巨蟹座的人模仿能力不錯，但千萬別只顧模仿，應進一步去創造，在職場上，長期性工作最合您的胃口。

巨蟹座人們的財運，是從大方、不吝嗇作風中得來的。

您與生俱來對經濟觀念就很發達，您和朋友、前後輩人物同遊，在花錢中得來財運。是一種團體活動中的財運。您是踏實的人，不會因和朋友交際而亂花錢，您善於儲蓄，財運不錯。

◎您的適宜職業

以大眾為對象的出版事業、衛生技術員、保母、烹飪、裁縫師、食品、日用品製造販賣、服務業、藝人、水產畜業、時裝設計師、餐廳、旅館業。

第四節 巨蟹星座的健康運

您是營養肥大體型。巨蟹座象徵「營養之袋」，屬於母性體質，營養吸收力之大為優點，但過多營養也會招來危機。

您的身體重點在於胃和乳房，並管理體內的分泌液，屬於消化與吸收型體質。此體質的人，有慢性胃病之虞。因熱力大半都集中於胃。消化與吸收的營養，增加貯藏營養的肝臟、膽囊的負擔，使您的病痛集中於胃部、乳房、肝臟、膽囊。

運動不足和進食過多很危險，並避免受到壓迫力，過正常生活、三餐守時，因肥胖是您的最大敵人，健康是生命泉源。

◎您最易患的病症

慢性腸胃炎、胃潰瘍、胃癌、乳癌、疫瘡、膽囊炎、膽石、肝炎、肝硬化。

第五節 巨蟹星座的戀愛和結婚趨勢

巨蟹座的人為人和藹，愛情濃厚，愛護孩子和家庭，出於保護本能的母性之愛，是羅曼蒂克情緒性格的表現。但不會沉溺於激情深淵中。

不過，一旦被您愛上了的異性，您會永遠愛他，愛情始終不變。

至於巨蟹座的深度愛情，始終愛上同一位男性，願意犧牲自己，成全他的愛情。如此濃厚的愛情，很容易招來相反結果，使對方討厭您，使您喝到失戀的苦酒，而您卻願意接受這種苦酒的奇異性格。

容易感傷的您，有時會變成不易相處的人物，當對方不願接受您的愛時，您會變成冷酷的人，把您的心窗關閉，過著孤獨寂寞的生活。

您的愛情運不強，您必須儘量選擇性格與您相配的人做為對象，建立溫暖家庭，展開安定人生的生活。

具有母性愛的巨蟹座女性，婚後是典型模範主婦，對於丈夫的任何要求都能默默地應付他，愛情豐富、烹飪技術高超，努力建立幸福的家庭。而且家庭經濟管理得有條不紊，照顧子女也有一手，確實是名副其實的偉大太太。由於她的家庭安全是得自她的防衛本能，因此，對於侵入家庭的各種不安，她都是以防衛態度去對付它。

當她生孩子後，過去一直以丈夫為中心的她，改以子女為中心了，因此，以自我為中心的丈夫們會大感不滿。

由於她熱心於子女的教育，往往會變成過於照顧孩子、事事都要管的媽媽了。

巨蟹座的男性，性格較軟弱，不太可靠的公子哥兒型人物，加以做事過於慎重，如女性一樣，愛情方面深愛一個人，他的單身生活期間很久，是晚婚型男士。

不過，婚後發揮他的父性本能，變成照顧家庭的好丈夫。為了保護妻子，認真賺錢，負起父親的責任。唯一缺點是無法集中精神，做事有點虎頭蛇尾，事事要依賴他人。

為了愛情，他不惜捨棄信念，不過，他並不是個拈花惹草、看一個愛一個的多情男性。

第六節　巨蟹星座與其他星座之結合

一、和牡羊座的結合（凶）

您具有纖細感受性，牡羊座的人是極力主張自我的，這種結合非常不易，您雖然會被他的熱情所感動，但也會厭惡他的性急和自私感情。

由於你們互相都想管對方，因此，時常發生指導權和防衛能力的衝突。

假如，男性是屬於牡羊座，站在社會指導者地位的，太太是標準的家庭主婦，各守崗位，那麼你們就會變成幸福的一對夫妻了。

牡羊座和巨蟹座的角相度是九十度，相性不佳。

二、和金牛座的結合（吉）

您具有母性愛，金牛座為人誠實，你們兩人結合的家庭安詳，夫婦愛情溫和，愛情和友愛交織成一幅美麗的藍圖，你們的前途充滿著快樂。

您倆以互愛為基礎，建立家庭、子女、財產，你們雖然不善言辭，但心和心的聯繫是勝於言語的。

由於您的不安定心情，發現對方頑固、保守的缺點而輕視他，則你們的愛情會瓦解。因此，您要重視他態度認真、負責的優點，則你們就會有幸福。

角相是六十度，相性是好的。

三、和雙子座的結合（普通）

您是良好的保母，他是才華橫溢的人，你們的結合有如慈母照顧孩子般。他是值得您照顧的好孩子。

他在您的懷抱中過著甜美生活，您從他們的保護本能中得到（母愛、父愛）刺激，產生愛情。你們都在求變化，對於不同事物表示關心，在生活上產生許多小小的快樂。

由於對方富有理智多才，但缺乏沉靜，無法捉住其善變的心，以及不規則的生活，都會使您傷透腦筋。

四、和巨蟹座的結合（大吉）

同一星座間的結合，相互之間易發現自己，使兩人融合而成，感受性很強的巨蟹座人對於摩擦反應很敏感，性格相似的您則易產生同情和共鳴。

你們都愛家庭和子女，可以過和平、理想的家庭生活。你們兩人的堅定結合會獲得雙方的真誠與熱情。並互相安慰，使你們成為羅曼蒂克的一對情侶。

不過你們要注意，當你們兩人各持己見、互不相讓時，你們之間已發生裂痕，你們的感情很易受傷，並且不易恢復，須注意。

五、和獅子座的結合（普通）

您的管理星是月球，對方的管理星是太陽，是羅曼蒂克的結合，獅子座的人充滿善意、活潑、親切，頗富魅力的異性。

太陽和月亮的配合很適合自然原理，他對於您的母性本能，會誠意的回應您。但是過度管理，和防衛本能衝突，是產生不幸的原因。

六、和處女座的結合（吉）

兩人都具有纖細感情和同情精神。

但是你們各具有內向而慎重、很消極的相同性格，不同部分較少。例如，您的情緒較豐富，對方冷淡和藹、口不擇言，受傷的是您。您的神經消耗量大，易疲勞。

為了孕育相互的情感，您需要寬容，對方要養成和藹的態度。

角相是六十度，相性不錯。

七、和天秤座的結合（凶）

您以家庭第一，子女教育為先，但對方是親切而態度不在乎的樂天人物。只要你們的結合越深，就能成為幸福的一對了。

可惜，您的陰性感覺，無法獲得對方理解，反之，對方出爾反爾的態度，會使您大失所望。

這需要您倆的檢討和努力，使你們兩人之間保持平靜，您勿對他要求太多，應讚美對方的和藹。

角相是九十度，相性不佳。

八、和天蠍座的結合（大吉）

天蠍座的人和您一樣，把隱藏於內心的愛情獻給對方，因此，你們可以說是理想的一對。由於您倆的愛情和奉獻，增加你們的感情深度。

天蠍座的人，不善言語，但為人熱心，他具有您所沒有的意志能力和體力，您在家庭是標準的母（父）性愛的人，是很相配的一對，你們會在性生活上獲得圓滿。

但有一點必須注意的是對方愛譏笑您，您不應一一懸掛心頭，把煩憂藏在心中，是苦不堪言的。

角相是一百二十度，同屬水宮，相性不錯。

九、和射手座的結合（普通）

你們的性格大不相同，協調上相當困難，您屬於保守型，陰暗性格，對方是現代型，做事乾脆俐落，您重人情，他則是重理論的思想家。

您從對方學到很多，應尊敬的地方不少，他驚訝您缺少精神上的生活，而且又輕視您所重視的日常生活，因而悲傷的是您。

為了繼續你們的愛情生活於不變，您應該多修養，避免爭論和批評。

十、和魔羯座的結合（吉凶參半）

你們的結合是偶然的，是命運安排的，你們第一次相遇時就互相吸引著。你們各具有父性、母性愛、男人氣概和女性慈愛。您倆的角相距離是一百八十度，由一股不可思議的力量把你們連結在一起。

你們是一見鍾情型。

但是，結婚後，他是消極人物、現實主義者，沒有和藹態度，使愛好羅曼蒂克型的您大感失望，此係角相一百八十度中所具有的衝突和矛盾的暗示，不過，你們各具有良好的父愛和母愛。

你們會建立一個負責、熱心教育的模範家庭，發生問題時，也能大事化小，小事化無。

十一、和水瓶座的結合（普通）

你們是追求幻想的羅曼蒂克的一對，您是和藹的人，他的態度率直、爽朗，會吸引您。

您的豐富感受性和他的勇敢進取的態度吸引了你們兩人，其實，他並不是您所想像的那樣感情豐富，您所看到的他的行動力，實際上是一種奇異思想的結果。

您熱烈地愛上這位感傷型青年，但他卻是一個感情淡薄，視您為普通朋友程度的男人。水瓶座的人，是您永遠無法獲得的夢幻中的人物，只有永遠理解才能解救您的寂寞。

十二、和雙魚座的結合（大吉）

富有人情味和教養的雙魚座人，和您結合，是羅曼蒂克型的一對情人。是充滿愛情和詩情的好對象。你們的互相信賴和共感加深了你們兩人的情感。

對人很親熱，但有點嬌氣、和氣，而且同情心強的雙魚座的他，對您確實有吸引力，你們的心情很易相通。而且您所要的情感，他都一應俱全。

你們相通的心情，和重要問題互相理解的態度關聯，這種現象易成為感受性很強的人悲劇的開始，你們的不勇敢態度也是缺點之一。你們做事、為人應有率直的態度才好。

角相是一百二十度，同為水宮，相性很好。

第七節　幸福與幸運之年齡

凡巨蟹星座出生的人，大約以二十歲、二十六歲、二十八歲、二十九歲為最幸福。不論男性、女性，凡逢亥卯未之流年，皆為幸運之年。

第十章 獅子星座

七月廿四日～八月廿三日

獅子星座相當於午辰次，相當於鶉火，不論我們以什麼名稱來稱呼這個星座，它還是包含了廿八星宿的「柳宿」、「星宿」、「張宿」。從黃道南下，就會出現可怕的巨大海蛇座。鶉火的三個星座，柳、星、張就包括在海蛇座裡。

勇猛的海洛克斯打倒的怪物，就是這條海蛇，有九個頭，只要砍掉其中的一個，頭就立刻加倍生出來，所以使勇猛的海洛克斯也陷入苦戰的神話，就是這個海蛇座。

巨蟹座的巨蟹也在此時幫忙殺死海蛇。在海蛇座中，唯一發出光澤約二等星阿爾法德（孤獨者）發出的紅光，可能就是被海洛克斯斬殺時，發出的血光。

在中國把這個紅光稱為「朱鳥」。對海蛇座的曲線，中國古代並不視為蛇，而看成是柳枝。

古時為遠行的人，有送一小枝綠柳枝的羅曼蒂克習慣。比起海蛇，柳枝就溫柔多了。

每年七月廿四日至八月廿三日，約一個月間，太陽停在獅子座，在此期間出生的人，受到獅子座和守護星太陽的管理，產生各種性格和不同命運。

此期間係一年中，太陽的陽光和熱度最高的時期，萬物充滿活力，生氣蓬勃。

因此，獅子座的性格中，具有如同太陽、獅子那樣充滿熱力、溫暖、正氣、開朗的性格。

您具有男性的優點和特點，氣質和萬獸之王——獅子很相似。

第一節 獅子星座的性格

海蛇座的頭部是柳，其他部分分成張與星，而有這個星座的鶉火生者，富有羅曼蒂克的氣質。喜歡旅行就可能與柳宿有關。在理論之前，容易感情用事。

如是女性，就有女人特有的溫柔，很多人都能成為得高分的主婦，也擅長做家事，但無法控制自己的感情；如製造特殊的氣氛，很輕易就被誘惑。

一旦愛上就會狂熱，但熱的快，冷的也快。由於與生俱來的好奇，有一天會突然換一個男人，常被視為輕浮的人。

與析木生者相性良好，在身體上可列為感度良好之型中。

每年春天（四月下旬）的黃昏，天空處女座的西方，出現一鉤型星座，它就是獅子座。

獅子座如其記號♌所示，具有國王權威和優雅氣氛，加上受此星座的管理星——太陽的影響，受到熱和光的泉源的創造力，太陽的性格賦予此獅子星座，使它成為許多惑星中的中心之星。

根據希臘神話傳說，獅王的勇姿，明顯地留在太空上，形成這一星座。並讚揚太陽神赫利亞斯具有國王的光耀、熱力和管理力。

太陽是恆星，比月球、地球以及其他的行星，具有獨一無二的特性。它只有給予，不接受他人施惠的孤高性格，獅子座人受到如此影響，比其他星座高了一籌。

一、表現性格

此星座象徵獅王頭上的毛鬃的強壯有力，及其尾巴的有勁和威風。

獅子座人並接受守護星——太陽的管轄，具有陽性和熱性兩面，使他的氣質變為開朗、快活、積極、熱情。

您光輝開朗的性格，增加您周圍人的快樂氣氛。光明正大、威風、第一流、寬大、非凡、自信、勇敢、熱心是您的個性重點，對於他人，您是中心、領導人物。

不過，這種優點過多時會變成缺點，例如自私、自大、易怒、壞心腸、喜怒無常、嘆息、虛榮、浪費等。

獅子座的人，時常希望潔身自愛、走正路，對於他人也希望他們向自己看齊，善意資助他們。他的熱力不斷追求美麗，創造新生活。

因此，對於不服從他意見的人，他絕對不容忍。他對於不正、卑鄙敢從正面加以攻擊，絕不退縮。

站在舞台上時，他自認是主角，希望獲得他人的掌聲和喝采，並自鳴得意。這種心理很容易變成膚淺、滑稽的怪異行為，要求他人尊敬他、信仰他。因而變成過於自信、夜郎自大、失去純真、只追逐名譽的怪人，加上過度虛榮心作祟，變成浪費而不自知。

獅子座具有許多優點，也有不少缺點，例如脾氣不好，易發怒是其中之一，他們有時也會被孤獨感所襲擊，原因是獅子座人做事很積極、活潑，不過有時也會感到很寂寞。

這種現象宛如光輝的太陽，被一層黑雲所遮蔽，急速地變成黑暗一樣。獅子座人有繁華、熱鬧的一面，也有黑暗、寂寞、孤獨的一面。

不過您的脾氣不好，易怒、寂寞、孤獨，也不會使您的性格變為憂鬱、陰濕等等怪脾氣。太陽雖然被黑雲所遮蔽，那不過是一時的現象，雲過陽光會再射出來，回復光明的世界。有時，你們也會受感傷氣氛所籠罩，但很快會恢復原來的狀態。

二、分類性格

各星座各有三種分類，獅子座分類如次：以十天為一區分，各區分各有細微的性格上不同處。

◎第一類（七月廿四日～八月二日）

基本上是獅子性格，具有細微的巨蟹座和水瓶座的性格。

獅子星座開朗和藹的性格，生性的溫和愛情，強烈的女性感受力，以及羅曼蒂克的想像力，這些就是生於此一星座的性格優點。

此類人為人老實，好惡明顯，對於些微事情都很敏感，而且適應環境能力也很強。但有點內向，愛好自由，易衝動。

◎第二類（八月三日～八月十二日）

獅子座性格最明顯，並有些許守護星——太陽的性格。您的特點開朗、活潑、親切、具有機智、上進心很強、不斷努力向新方向發展。

◎第三類（八月十三日～八月廿三日）

受到少許的處女座和牡羊座影響，使您的意志堅強，行動力超群，你們具有激烈的感情和敏銳的感覺力。由於您極力主張己見，因而往往會傷及他人的感情，另一方面，您的心腸有時很柔和；不但同情他人的困境，還會伸手援助他人。

第二節　獅子星座的命運趨勢

您的命運受到獅子星座以及守護神——太陽神的性格之影響，具有國王般高貴氣質的您，是群眾中的首領人物，自己也不斷努力，希望成為中心人物，君臨於群眾之上。

您不喜歡在人家下面做事，希望上進，成為各種場面的紅人。一般來說，您的命運是不錯的。

尤其是名譽和人緣方面，您的運氣的確是得天獨厚、站在眾人之上，您具有很能幹的能力。至於財運，在您的地位上，金錢會源源而來，充裕您的生活。在人後做事，或跟著他人走，是您最不拿手的。

默默努力、工作、擔任配角，這種作風完全和您無緣。您最適合擔任主角，擁有許多配角陪襯您，增加您的光輝，這樣才是您的活動場地，假如，您現在所活動的地力，阻礙您的發展，不讓您展翼，那麼，這個地方是不適合您的活動場所，成功希望甚微。

您必須去尋找能夠開展您的熱情、抱負以及創造力的地方，如此，您才能獲得幸運。

如果，您打算過著平凡的薪水階級，這種方法是拂逆您命運的作風，換句話說，傷害您的自尊心的地方，您是無法大展鴻圖的。反之，大家都尊重您，被您的魅力所吸引，憧憬您的偉大，那麼您的地位因而更提高，成為受人景仰的人物了。

您要像太陽一樣，以光明照耀世界，給予人類幸福，堂堂正正站在您的世界裡，為人類服務吧！

您的命運雖然光輝燦爛，但細微過失會招來意外失敗。

那些過於自信，和無視他人而招來的失態。例如當紅明星的放縱、自大，靠權力鄙視人民的官員，愛慕虛榮把家財消耗殆盡的世家子弟等，類似此類人太多，自信是可以的，但鄙視他人就不應該了。尤其是在年輕時更要注意如此作風，應該用您的燦爛光輝去照顧他人。

第三節 獅子星座的職業與財運

您受到太陽影響，成為群眾的中心，給予他們熱和光，您站在眾人之上，充滿熱情生活。

您為權威、權力、名聲、地位，不斷努力。

您的優秀創造力在各方面產生新構想，表現非常優異。

◎您的適宜職業

公司、公務員方面大都擔任經理、主管，工廠方面是監工、領班，展現您的領導能力，還有政治家、實業家、法律專家、律師、教員等。

影藝、體育、自由業方面的第一流明星、紅歌星、知名作家、畫家，都是屬於這一類。

其他尚有服務業、娛樂業方面也能發揮您的才華，外交、推銷員方面也有獨到的推銷術。

無法發揮您的個性的地方，您就不能成功了。

在他人之下工作，或不受人注意的工作、默默地做的工作都不適合您。

您的努力不受重視，或不好好利用您的才能的工作場所，就無法使您發揮您的才能。因為您具有打破舊觀念，向新的事物挑戰的氣概，向理想邁進的熱力，因此，修理工、藥劑師、船員、礦工、公務員等沒有變化的工作，均不適合您做。

一輩子過著薪水階級的平凡工作也不適合您。

您本來不重視金錢，只重視權威，為金錢而屈膝，不是您樂意的。只要選擇適合您的特性的工作，金錢就會源源而來。

站在許多人的上面並獲得他們的青睞，不但使您獲得情感上的安慰，經濟方面也有豐富的收入。所得的金錢勿浪費才好。

由於您的自尊心很強，不願在人家而前裝寒酸，您所喜歡的事，您會很浪費。因此，假如您是女性，那麼，妳就需動動腦筋，勸妳的先生或兄弟，實行節儉生活。

第四節　獅子星座的健康運

獅子座支配著人體的心臟和背部、大腸、動脈、眼睛，獅子座的人，體質、血色均好，脊椎垂直，體格良好。

唯一缺點是心臟、動脈的負擔過重。心臟和冠狀動脈運動活潑時，不會發生毛病，但一過中年，發生心肌梗塞、狹心症，以及動脈硬化症等危機性很大，您必須注意心臟病或高血壓。尤其身體肥胖的更要小心，注意吃的方面，運動勿過度，酒、菸、深夜的工作、過度性生活都是不好的，平時做身體檢查很重要。

此外，保持精神平靜，對身體健康很有益，激動發怒可用趣味修養矯正過來。

◎易生病的年齡

三十八歲、四十歲、四十七歲、五十歲、五十三歲。

第五節　獅子星座的戀愛和結婚趨勢

獅子座的人，性格熱情、充滿善意，因而有所謂的為戀愛而戀愛，愛情徹底、純情的，他們為提高愛情熱度，往往實行戲劇性的戀愛，他們不拘於戀愛技巧，重視羅曼蒂克的氣氛。

為了使對方知道自己的真情，不惜任何犧牲，費錢、費時在所不惜，堂堂正正訴諸衷曲，在第一流條件下製造熱鬧氣氛。

他的戀愛是明朗而熱烈。因此，如果對方沒有相當反應，會使他非常失望、難堪。因為他太熱情、積極了，因此，失望之後的悲痛也格外的大。

從第三者立場看您的戀愛，確實使人羨慕不已，因為您的戀愛太圓潤甜美，當對方無法討好您激烈且有深度的愛情時，您會感覺失望，好似失去了什麼似的。在性生活方面，也會感覺不滿。

獅子座男性往往把性急的愛加諸對方，女性方面為了滿足對方，在性愛的技巧面也會下功夫的。

獅子座的男女，不阿諛對方，各有自信，互相相處，結婚後的丈夫也許仍會保持獨裁主義，但您是好丈夫、好爸爸。做為太太的積極地發揮賢內助之功，使妳的家庭美滿、快樂。

以下說明獅子座的應該選擇哪些人做為對象最好，則是相性問題。

第六節 獅子星座和其他星座之結合

一、和牡羊座的結合（大吉）

你們各具有強烈的熱情和理想，以及敏銳的感覺能力和自我主義，當你們兩人的意見獲得協調時，就成為一對很理想的對象了。

假如你們不堅持己見，有互相忍讓的風度，那麼，你們的結合比任何其他的星座都更幸福。

同時，也是格調很高的結合。

你們是火宮的同志，角相是一百二十度，是最好的結合。

二、和射手座的結合（大吉）

射手座和您一樣，同屬於火宮，相性不錯，角相是一百二十度，是您的好對象。

射手座的人所具有的上進性格，和向外積極發展的活潑性格，和您的獅子座性格協調時，你們的相性比和牡羊座相性，更具有夢幻和快樂成分。為提高你們的生活程度，您的對手（射手座）勇於嘗試冒險，希望脫離平凡和束縛的範圍，對新世界、新事業表示關心，並厭煩繁文縟節，追求真理和新知識。您若以溫暖心情去支持他，那麼，你們兩人所合奏出來的音樂，充滿無限的喜悅。

具有高尚興趣的射手座性格，確實為您所喜歡，但他並非完全沒有缺點，例如，做事不能持久，雖屬於樂天派，但有時也會悲觀不已，那是受木星的雙重性格所使然。這一點您需要包容他才是。

您為了達到您的領導地位，往往自大、鄙視他人、傷害他人的情感，這是您的缺點，您的對手——射手座，也有勇往直前，不顧前後，使他人受損，這都是你們的缺點，必須注意。

總之，射手座的人，能夠把您導引入開朗、豁達的生活，和進步、自由的氣氛中。因此，你們的結合，可以過著堅實、幸福的生活。

三、和獅子座的結合（大吉）

你們的星座相同，角相是零度，只要交流雙方的性格，導引出優點來，那麼，相性是很不錯的。

由於你們夫婦，很容易發現自己和對方的缺點，因此，別互相指摘，優點應保持，缺點由兩人商量改進，就不會發生衝突了。

由兩個人管理很容易發生爭執，但是由於你們的創造力很強，可以適當的分工合作，預防衝突，則愛情生活是很理想的。

四、和天蠍座的結合（凶）

獅子座的您，受到太陽的支配，屬於陽性，反之，天蠍座的人受到冥王星的守護，具有陰性性格，你們兩人陰陽相反，相性不佳。

例如，陽電和陰電會相吸引一樣，在太陽系的最外側，離開太陽最遠處迴轉的冥王星，為獲得陽光，有一種力量，正努力把陽光經過無限的遙遠路途送給它。

您希望走在陽光燦爛的路上，天蠍座人，站在沉默神祕的世界中，充滿著怪異魅力，慎重地活動著。如此，你們是不能稱為相配的一對。

天蠍座的男女，對於性彼此關心，性慾很強，獅子座的您，能否和他同一步調，是一個疑問。做丈夫的無法使太太滿足，或太大無法滿足性的生活時，選天蠍座為對象的您，可能會使身心疲憊不堪。

角相是九十度，相性不好。

五、和金牛座的結合（凶）

金星是金牛座的管理星，表示愛好和平，獅子座的您受到太陽的照顧，心情充滿溫暖。

您的對象性格圓滿，做事有精力，為人誠實，愛好清潔，性情溫和，但對於激烈的或極端的比較膽怯。這種性格和您的崇尚自我的作風，格調大不相同。

愛好和平的心情，變為防護本能作用，都是為自己安全設想。另一方面，他不但重視愛情，對金錢慾望也很強，做為家庭一分子是無可厚非的，不過，他也有缺點，例如獨佔慾望強、嫉妒心也強，使您受苦。

金牛座的人，性格頑強，如果頑強過度，很難相處，例如平時很順從丈夫的可愛太太，一旦頑強起來，就不聽話，使做丈夫的對她無可奈何、大失所望。

您愛熱鬧，虛榮心強，愛好調和的自然姿態。做事很慎重的金牛座人將無法和您配合。

角相是九十度，相性不好。

六、和魔羯座的結合（普通）

獅子座的您，性格開朗、活潑，如同太陽般熱情待人，但魔羯座的人陰性孤獨，忍耐、堅實，性格幾乎相反，不算是好相性。

您開朗、喜歡合群生活，但對方卻是陰沉，難以相處，您想得到對方的共鳴，但他卻無動於衷，因為他是魔羯座，您不知道他的心中具有獨立性和野心。

魔羯座人的慎重態度，和您的熱情奔放性格相融合，需要一段時間，不過，結婚生活需要忍耐、堅實，您所缺少的，魔羯座會補給您的。

七、和水瓶座的結合（吉凶參半）

水瓶座的特性是愛好自由和進取精神，熱中於理想與思想，厭惡日常生活的惰性，不斷求新與上進。反之，您是逐步上進的堅實型，對方無法想像的生活方式，您不易理解。

水瓶座的人老實純真，不易和人妥協，對於不合己意的非常冷淡。對自己想法忠實，對他人的束縛和強迫都會抵抗到底，缺乏合群生活。

你們的結合是生活在各自不同目的的世界裡的人。因此，必須先認清對方，你們就可以用相輔相成的方法互相幫忙。

八、和天秤座的結合（吉）

天秤座的人，對美的感覺力強、善於交際、愛好和平生活、行動調和，而獅子座的您為人開朗、熱情，是一對好伴侶。

你們各具有強烈的正義感，樂於幫助他人，使他人的生活歡樂、愉快，因而受到他人的感激和愛慕。

但是，天秤座人的洗練氣氛，以及為保持調和而做比較的習慣，有時就無法和充滿熱情進取的獅子座的人合得來了。

不過，你們各自有愛美和創造精神，志向相同，只要您用豐富感情去對待他，就能夠建立一個幸福家庭了。你們的角相是六十度，您屬於火宮，他屬於風宮，相性是好的。

九、和雙子座的結合（吉）

多才、有能的雙子座人，富有社交能力，能言善辯，時常都在研究一些新構想，是非常忙碌的活動家，不過，他和獅子座的您比較，神經比較纖細，具有雙重人格，對於您是一個富有魅力的對手。

當他受到充滿威信和只有男性粗心性格的您，有時會為自己的矛盾和不滿而煩惱。

能解救他的煩惱的就是獅子座的您了。

您的眼界大，凡事都能看透，並全力付諸實行，想獲得人家敬重。您有能力包容雙子座人動搖不安定的情緒。因此，你們的結合相當理想。角相是六十度，您屬於火宮，雙子座人屬於風宮，相性良好。

十、和處女座的結合（普通）

開朗具有男性性格的您，和神經纖細的女性型處女座，性格雖相反，但一想到是男女結合，不能算為壞相性。

由於處女座的神經纖細做事周到，對於粗枝大葉的您確有所幫助，使你們成為良好的配偶，只要處女座的潔癖、仔細的感覺，不傷害您的威信就能安心行動了。

但是，當您在無限的愛情和熱心中，發現誇大和自私成分時，對方會極度批評您，要求您的潔癖和慎重，使您大失所望。

對於您的強烈戀愛感情，處女座人應該用羅曼蒂克的氣氛來接受，才是夫婦圓滿的祕訣。

十一、和巨蟹座的結合（普通）

和具有母性愛優點的巨蟹座人結婚，對於您是幸福的，因她善於做家事和照顧子女，性情溫和，服務精神好。

不過，對於小事情都要勞心過度，並不是好現象，勿有害怕他人譏笑的小氣作風，您必須從大處著眼，用您的熱情關注，您必須包容他，勿討厭他。

巨蟹座的人極力保持家庭和平，可以使您放心在外面活動，發揮您公平的熱與光。因此，巨蟹座是您很理想的對象。

戀愛感情方面，他具有豐富的感情，可以應付您如火的愛情。

十二、和雙魚座的結合（普通）

富有夢幻般思想的雙魚座人，憧憬於羅曼蒂克的生活，這種現象不限於精神方面，肉體方面也希望愛他人和接受他人的愛。

您要堂堂正正把您的愛和光散發到周圍的人們，積極地過開朗生活。但雙魚座人都具有雙重性格，有時會出現難懂的一面，由於您的性格單純，適應力強和豐美的感情，因此，對於抒情、重視名譽的雙魚座人就有點不習慣。

但是雙魚座人也有許多優點，例如溫和感情和樂於為他人服務的精神，都是他的魅力所在，你們的家庭生活柔和優美，雙魚座的人很容易信任他人，注重他人的優點，您有點輕浮的地方，需要改進。

第七節 獅子星座的幸福幸運年齡

男性獅子星座生者，大抵以二十八歲最幸福。女性獅子星座生者，大抵以二十五歲、二十八歲最幸福。不論男性、女性，凡逢寅午戌年，皆為幸運之流年。

第十一章

處女星座

八月廿四日～九月廿三日

寅申巳亥四個宮位，在中國占星之中為四生四馬之地，大多具有比較波動或起伏變化的命運，而在西洋占星之中，寅為射手星座、巳為處女星座、申為雙子星座、亥為雙魚星座，暗示此四星座生者具有雙重性格，恰如子之水瓶座、酉之金牛座、午之獅子座，卯之天蠍星，各有一顆美麗的紅色亮星，玄奧的像春、夏、秋、冬四時一樣的佔據星象的勻稱位置，這種關係位置，術語稱為「四正」宮位，可惜的是紫微斗數把「四正」誤解了。

處女星座相當於巳宮鶉尾，這裡含有廿八宿之翼與軫兩個星座。從春天到夏天常見的獅子座正下方的海蛇座，在它的背上有一個酒杯。

在希臘神話中，是酒神巴卡斯愛用的酒杯放在天上，就是這被稱為酒杯座的六星中，有中國星宿的翼。從祭孔時使用的酒器聯想後，又稱「巨爵」。

軫是在此東鄰的鴉座四星中。

形如梯形，令人無法聯想到鳥形，但在神話中，牠是太陽神阿波羅的使鳥，可是有說謊的習慣，因欺騙主人，使主人殺了妻子，所以被放在空中示眾。

僅看翼的星象是：「出生貧窮，與財物無緣，如果有錢就會短命。」軫是：「又稱巨福星，一生有福運，老來更佳。」是與翼正相反的星象。也許是含有這正相反的兩個星座，鶉尾出生的人有雙重性格。

太陽約在每年八月廿四日至九月廿三日之間停在處女座上，慢慢地通過。此時期，強烈的太陽季節已過，正在迎接初秋的收穫季節，是夏、秋的過渡期。

在八月廿四日至九月廿三日出生的人，自出娘胎以來，就具有處女星座和其管理星——水星的性格，左右他的一生命運。

您的性格是神經細密、技能優異、不認輸，另一方面，是易動搖、心神不安定。

第一節 處女星座的性格

凡生於處女星座之人，雖是才子型的人，但身體不健康，動作卻比較靈敏。常把自己的才能掛在嘴邊。

相反的，只要稍被批評幾句，就非常認真，會失去信心。

順利進行時，一切都表現得很好，可是一旦發生低潮，就束手無策，不知該怎麼辦了。

對愛情是受到自己冷靜的影響，變得很現實。會以結婚做為升級的工具，同時也不穩定。

如果是女性，就不是適合家庭生活的人。

鶉尾出生的人中，很多會在演藝界求發展，如是當一名平凡的主婦，必會感到不滿。在夜裡，雖不是很有精力的人，但喜求變化，常用鏡子或

ＣＤ助興。

處女座是在晚春夜空上出現的星座，其中主星發出很清晰的光輝，周圍擁有一群小星，被稱為MERCURY的水星，最接近太陽，管理處女星座。

神話中的愛神（CUPID）就是此星，它掌管人類的智慧和神經、言語能力和判斷力，而且水星還象徵健康、適應力、智能、守護著商人買賣、外交家的話術、技術者的技術。

神話中並指出處女星座，象徵正義和農作物豐收之神，並且有天使愛神的能力，對於任何境遇的人們，都能獻身服務，是一位有才能、有肚量的好星座。

您的星座屬於地宮，做事堅實有常識，又屬於柔軟宮，有適應環境的能力，愛好變化生活，常為此矛盾性格而煩惱不迭，您在本質上，做事很勤勉，對於任何事都能忍耐努力，因此，工作上的成就很不錯。

一、表現性格

象徵少女秀髮的處女星座的記號是♍，它表示清純、純潔、纖細的感覺能力和悲傷。

其管理星——水星（MERCURY）管理腦力和神經能力，給予處女座人性格上的適應力和判斷力，您的注意力很強，近於神經質程度。

而且處女座的您，具有優秀的辦事能力和努力奮發圖強的精神。您的努力性格並非人家強加於您，實則您自己意願。

您溫和、謙讓，另一方面您會批評他人，說出動聽演說，而令人大感滿意。如此作風，並非為了主張自己，都是經過仔細考慮、研究，做徹底分析、整理，由於您的性格不喜歡馬馬虎虎的作風，因此，看到他人有隨便行為時，往往會不客氣的批評他。您具有細心和輕浮的兩種相反性格。

您不像獅子座那樣，想站在領導人的地位，因為名聲、地位和您完全無關。

您不追求名利，不想獲得他人的掌聲、喝采，您做事不在於賺錢，實則磨練您的技術，逐步求上進。因此，您的工作是您的誠實和不斷努力的結晶，往往獲得良好的成果。

因您不和他人競爭，外觀好似消極，其實您的決心是堅定，腳踏實地，步步為營。您不喜歡一鳴驚人的作風，也不取巧，慢慢踏實地做您應做的工作。雖然您的作風沒有魄力，但工作態度非常細心，憑良心做事、求秩序。

如上述，您有易感傷的一面，在回憶中思念著各種夢幻似的過去生活。

您對訴諸感受性的各種問題寄予好奇心，其中，對於智能方面的關心更深刻。求知慾望很強，您雖是外行人，但知識豐富不遜於內行人。您的知識、見聞、思索、追求真實的心理，使您成為批評家。但批評他人，往往招來他人的誤解。

您厭惡世俗的敗風，些微的欺詐，您都不允許它的存在，但您的過度潔癖，易招來他人的誤解，必須注意，別發生無謂糾紛。

您本來對他人是細心服務的，但人與人的關係非常微妙，一句不中聽的批評，很容易造成彼此間的大誤解，因而在精神上受到很大打擊。因此，您必須把精力傾注於工作和學問上，人事問題少管為妙。

您應找出您的優點，發揮您的能力，勿找他人的缺點，指摘他人。

二、分類性格

處女座可分為下面三種類型，這三種類型各具有不同個性。

◎第一類（八月廿四日～九月二日）

多少受到前面的獅子座和雙魚座影響，有尊重威信和寬大性格，以及開朗的羅曼蒂克氣氛。

此類人，肯為他人服務，同情心很強，其親切程度有點過度，受到他人讚美時，會沾沾自喜，非常得意。

另一方面，具有易傷感的氣氛，感情豐富，樂於助人和救人。善解幽默，易和他人相處，但您有時也會感到寂寞、孤單。

◎第二類（九月三日～九月十二日）

處女座的特性最明顯，加上少許的魔羯座和其管理星——土星的性格。您的性格較溫和，神經纖細，熱心工作，辨識力、工作能力特優，肯努力，有點野心，工作態度充滿熱情。

和他人來往不習慣，易過孤單生活，因此，應儘量和他人多來往，學習交際。

◎第三類（九月十三日~九月廿三日）

受到下一星座的影響，少許天秤座性格——愛美和協調。

您比第二類的善於交際，具有開朗性格受到他人歡迎，能夠緩和您的神經質性格。

第二節　處女星座的命運趨勢

您受處女座的性格和管理星——水星的影響，具有純真、勤勉、精密、精幹的才能，不過，您的命運並不佳，相當辛苦。

您最好盡快找出您的興趣，努力成為專家，用潔癖的眼睛觀察事物，在腦海中整理那些雜亂無章的事情，變為有條不紊，並盡早找出努力的方向，全力以赴。

一旦找到良好職業，您可以利用您的精細腦力和能幹手腕去苦幹，實行您的理想。

為了發揮您的特性，您必須找出適合您的嚴厲性格，和不受他人妨礙的良好場所，做為您的工作場地。

您應利用您的優點——做事正確、小心、研究慾望很強等，做整理資料工作，徹底研究問題，產生良好結果。如此，對於您的生活是無上快樂、有意義。

您的努力，不但使您出人頭地，您還願意幫助他人，不惜辛勞，助他人成功。

您雖然缺乏創造能力，但對於您的工作成就，會再做嚴密檢討和研究，加上新的見解，使其更為正確，您雖然不善於創造，但分析和整理工作頗適合您。

您是如此的熱心工作的標準職員、事務員。

第三節　處女星座的職業和財運

處女座人具有縝密神經和優秀判斷力，還有分析和整理能力。只要自己能領略到的均能不辭辛苦徹底完成，做事要求正確和完美是您的最大優點。

不過，您也不會誇耀您的工作成果，您默默地完成您內心的志向，由於神經纖細幫助了您的工作能力，你喜歡為他人服務，為他人做事，助人一臂之力，是您感覺最快慰的事，在工作場所、人們沒有注意的地方，您一樣能負責完成您的工作。

◎您的適宜職業

分析、分類、調整、統計、研究、批評，這幾類工作都適合您，公司方面，適合擔任總務、會計、人事、祕書部門工作。

職業方面，出版編輯、評論、教師、會計師、稅務員、司法書記官、精密技術家、健康診斷所、醫院的事務員以及護士等，其他尚有：服裝、美容、園藝、烹飪等，需要注意力和技術方面也很適合。

您對於工作態度有熱情，因此，選擇工作，須合您興趣的，才能收到預期效果，一旦決定離開您的職業以後，不必再管他人如何批評您、如何監視您，只向您的目標前進就是了。

關於您的財運，由於您很少和他人來往，交際費方面不會太多，但，因您不喜歡買二流貨品，花於高級品的金錢可真不少，然而，由於您做事仔細、有計畫，算盤打得相當精，經濟方面不會發生問題。

您須在工作方面找出財源，開源節流，努力積蓄，財運是不壞的。

第四節　處女星座的健康運

處女座人的神經敏銳，對於自己身體變化反應很快，很快能知道病痛所在，並做預防與治療，連小毛病都把它視為嚴重，做萬全預防。

處女星座的守護神水星，本來就是管人體健康的星曜，因此您對於醫學的認知很深，對身體健康特別關心，從體質上說，此星座所支配的身體部分，係腸和神經，因此，病痛大都發生於腹部，其次是四肢，以及膝蓋關節也易生病。

必須留意吃的方面，勿亂用藥方，並避免因病痛發生神經過敏現象。

第五節　處女星座的戀愛和結婚趨勢

處女座的男女，性格純真、純潔，具有稚氣，這種現象出現在他們戀愛中。

具有一點感傷成分的您，不會做激烈的男女戀愛，陶醉在如詩幻夢中的您，把戀愛美化成一幅美麗藍圖，在觀念上可以捉住它，但遇到現實，就不會積極爭取，也不知如何是好，因而煩惱不已，雖在腦海中可以描繪出美麗的男女之戀的樂趣，但實際愛情表現得非常幼稚、害羞。

您雖然有意等待對方積極地向您進攻，但當對方向您示意，您卻退卻了，使對方迷惘而不知所措，留下依依心情離去。

例如有一位男士，被您美麗、清純的魅力所吸引，想和您談情，但當他知道您的極度潔癖性格時，他的熱情已被您冷卻一半。您很小心留意人家的氣氛，可惜沒有勇氣吐露出您的心情。

一個男人和女人的結合，和友情完全不同，不勇敢地投入他的懷抱，吐露出您的心情是很難辦到的，男女互相吐露心聲，才能燃起感情之火，導引至肉體結合。您可能會玩戀愛遊戲，並可能與一位情人悲戀而終。

但是當你們戀愛成熟，進入結婚生活時，做為丈夫的，雖然不太勇敢，但尚能堅實地守護自己的家庭，做為太太的，性情溫和、可愛，能照顧丈夫和孩子，互相幫助，過著平穩生活。

女性方面的性生活，妳具有少女時的害羞心理，婚後，仍是羞答答、消極地站在接受的一方，態度仍維持清純和被動。

您很注意子女養育，態度溫和，但您必須矯正您的缺點。另一方面，選擇對象時應特別注意配偶的結合。

第六節　處女星座和其他星座的結合

一、和金牛座的結合（大吉）

角相是一百二十度，調和相性。您一定能夠找到共鳴的對象結婚，由星座的四種區分，你們同屬於地宮，相性是好的。金牛座的人，受到管理星——金星維納斯美與愛的性格，使您對他發生尊敬和滿足之感。

由於對方星座是表示圓滿和溫順的星座，他的愛好和平和協調性格，使您感覺溫暖和安慰。

堅定地保守平衡和圓滿的愛情生活，對您是很幸福的，名聲和財力應排在第二，安定的家庭和充實生活才是第一。

二、和魔羯座的結合（大吉）

和魔羯座的角相是一百二十度，吉相。魔羯座的人，忍耐力強，肯負責，以獨立獨行的精神，領導您走向前面。

為了達到目的，絕不中途而廢，確實是可靠對象。

由於魔羯座的人是陰性，有自私性格，對金錢問題鐵面無私，對慾望也有耐力。以上諸點，您必須以溫和心情去對付他。

三、和處女座的結合（大吉）

同一星座的相性是好的，由於處女座的性格溫和，缺少偉大的結婚生活計畫，而您的性格不適合和他人來往，善於處理事務方面的職業。因此，當你們結合後，如何使你們的家庭溫暖，夫婦過著有趣的生活，才是最重要的事，你們在夫婦生活方面努力建立有趣的家庭，不要被其他問題分散你們的思緒。

你們應努力把新婚時的氣氛持續下去，發揮你們的共同優點——純情和友誼，婚後的你們給他人感覺是一對好友，夫婦氣氛比較淡薄。

做為丈夫的您，當然要保護您的家庭，做為太太的妳，不但要承擔家事——烹飪和清掃，並學一技之長，增加妳的興趣和收益。

為了增加您的見聞、知識、研究，注意選擇好相性的對象。

四、和射手座的結合（大凶）

角相是九十度，相性不佳。射手座的人，行動自由奔放，勇往直前，探求慾很強。他的性格，使您無法滿意，因您是屬於保守型，他的勇往不退的作風，往往使您為他捏一把冷汗。木星是他的管理星，他的雙重性格也會使您煩惱。

您具有纖細神經和辦事能力，但他卻不管您所關心的事情，不斷把眼光向大處著眼，一有機會就要向前直進不退，使你們的性格合不來。射手座的人，以及處女座的您，都不能算是愛護家庭的人物，因此，除非你們各具有特別的共同興趣或共同精神，不然，你們還是不結婚的好。

五、和水瓶座的結合（普通）

水瓶座的性格，表示智慧的自由和科學推理能力，您則具有獨創的思考和論理能力，性格不太相同。

現在，人類、社會要求的是什麼？水瓶座的人具有銳利觀察能力，認真說服他人。水瓶座的人，戀愛感情不全針對一個特定的人，對象是人類和社會的多數人。

至於您，具有分析和整理才能，是博學的，但您不適合研究哲學和思想。人生觀和世界觀也是完全不同，這些都是你們無法結合的原因。

六、和雙子座的結合（凶）

同屬於支配星水星之下，好似「志同道合」的一對，由於您是潔癖、純真的二元性，雙子座具有雙重性格，勢必無法互相容納，他富有社交能力，能言善道，性格不同。

他善言、有機智、心理有很多想法，想這想那，他如此搖動心理，不是您能夠趕得上他的。

雙子座的人善言，說話如同流水般，您卻愛好寧靜，您是消極的，他是積極的，他能否帶著您走，也是一個疑問，您和他相處，往往面臨許多矛盾且心理動搖，使您不安、發生警戒心理。

雙子座的人心理上轉變很快，當您以為他已和您和好如初而大感滿意時，他的心很快已跑向不同方向去了。您希望浸潤在淡泊、甘美的戀愛感情，但他卻厭煩您的單調戀情，希望沐浴在熱情的愛河中。

雙子座男人是多情的，不能專愛一位女性，是彈簧型男性，他的作風，往往傷及您堅定不移的純真愛情，做為丈夫的他，實在不能滿足太太的平凡愛情。

雙子座的男女，理性很強，在交往約會時，仍不失去他的理性，不斷注意對方的感情變化。他的如此作風，實在使您的負擔太大了。

七、和巨蟹座的結合（吉）

巨蟹座的男女，女性型的，具有女人特有的優雅和纖細神經，而且是良好的家庭一員，像母姊那樣親近他的人，他會很親切地去照顧她的，至於處女座的您，充滿著清純和羅曼蒂克的氣氛，而且感受力也很敏感、膽怯，做事很慎重，你們兩人的關係，等於母女或姊妹，相性不錯。

唯一缺點是您倆都很女性化。巨蟹座的人，內向、退卻型，人家說的話，常懸念在心中，為求平安無事，做事非常消極。至於您，因潔癖心強、勞苦性格，很注意人家的行動，說話和行動都很謹慎。

角相是六十度，您屬於地宮，他屬於水宮，相性不錯。

八、和天蠍座的結合（吉）

天蠍座的特性是神祕，愛守祕密，內心慾望強，熱情，處女座的您，性格純真，絕不會出賣他人，感受力很纖細，為人老實，使他安心信任您：處女座的您，對天蠍座的陰沉性格，雖然有點不滿意之處，但他的認真、堅實作風，給您的魅力很大。

您的戀愛感情偉大，愛追逐夢幻生活，製造羅曼史，而天蠍座人具有不可思議的性魅力，向您求愛，使您有點受不了的樣子。

角相是六十度，屬於地宮的您和屬於水宮的天蠍座的他，相性不錯。

九、和牡羊座的結合（普通有時變凶）

牡羊座的男女，具有男性魅力，富有正義感，做事積極，勇往邁進，性格激烈。處女座的您，為人純情，是女性型，性格完全不同。您往往會被他的那充滿熱情的魅力所吸引。

牡羊座的人為了達到目的，不允許其他人批評和阻撓，神經纖細的您，只好默默地跟著他走。不過，牡羊座的人，不顧前後，有進無退的作風，有時也會招來失敗，要他慎重從事不是易事，這對於感受力很強的您的確會為他捏了幾把冷汗。

牡羊座的人雖然具有如此缺點，但他永遠是弱者的朋友，對於不幸的弱者，他會很親切地去照顧他們。

戀愛感情方面，他會用新鮮、充滿熱力的感情對付您，如果您過於機智，不斷追求優美的夢幻，那麼，你們會在感情上發現很多性格上的差異。

十、和獅子座的結合（普通）

你們的共同點是羅曼蒂克的氣氛。不過，您是清純、認真、做事小心，但獅子座的人為人活潑、愛美、熱情。

對他人親切、認真的獅子座人，有時也會演獨角戲，且自大、向他人示威，這是他的最大缺點。

至於您不會在眾人面前做大出風頭的行為，您的態度是慎重的，都站在接受的立場，用理性態度行動，對於對方的開朗、充滿善意的生命力行動中，您仍持著沉穩態度和他相處。

您和獅子座的結合，會改變您的縝密心思和慎重態度，使您的生活更圓潤和豐滿。

假如您能夠和性格率直、愛熱鬧的獅子座人和好相處，提高你們的感情，那麼，你們就會成為一對好伴侶。

十一、和天秤座的結合（普通）

天秤座的人愛和平生活，調和姿態，美的感受力很豐富，性格開朗，很受他人歡迎。以上是天秤座的優點，至於他的缺點，因理想過高，喜歡比較、留意平衡。因此，做事很現實，不能徹底，和您的潔癖、重視現實性格，不能保持平衡。

他喜歡人家喜歡他，擔心人家批評他。由於他有此性格，您必須先諒解他，然後才能和他合作得很好。總之，你們的結合，波折少，可能成為美麗、平靜的一對夫婦。您的神經纖細，他富有現實感受能力，您要幫助他發揮他的優點。

變愛感情方面，您倆都不太積極，你們要慢慢地培養你們的愛苗，時間會為你們增加愛情濃度。

十二、和雙魚座的結合（吉）

雙魚座的人的特性是愛追求夢幻生活，重視抒情氣氛，處女座的您愛清潔、追求美夢，富有智能、神經纖細。你們對他人都很親切，尤其對不幸的人特別表示關懷和照顧。

但是，處女座的您，在現實生活中，做事很仔細，稍含有焦急和緊張的氣氛，雙魚座的人心胸開闊一點，就能成為好人。

有時，雙魚座的稚氣不能和您的潔癖、富有理智的性格合得來。

戀愛感情方面，您喜歡的是純真的愛情，但對方不能滿足您的甜美戀愛，他要求的是肉體上的強烈結合，傾注他的全部魅力也在所不惜，你們各把胸襟放大，是你們兩人幸福之鑰。

第七節 處女星座幸福幸運年齡

男性處女星座生者，大抵到三十二歲時最幸福。女性處女星座生者，大抵在二十三歲時最幸福。不論男性、女性，大抵在巳酉丑流年皆為幸運之年。

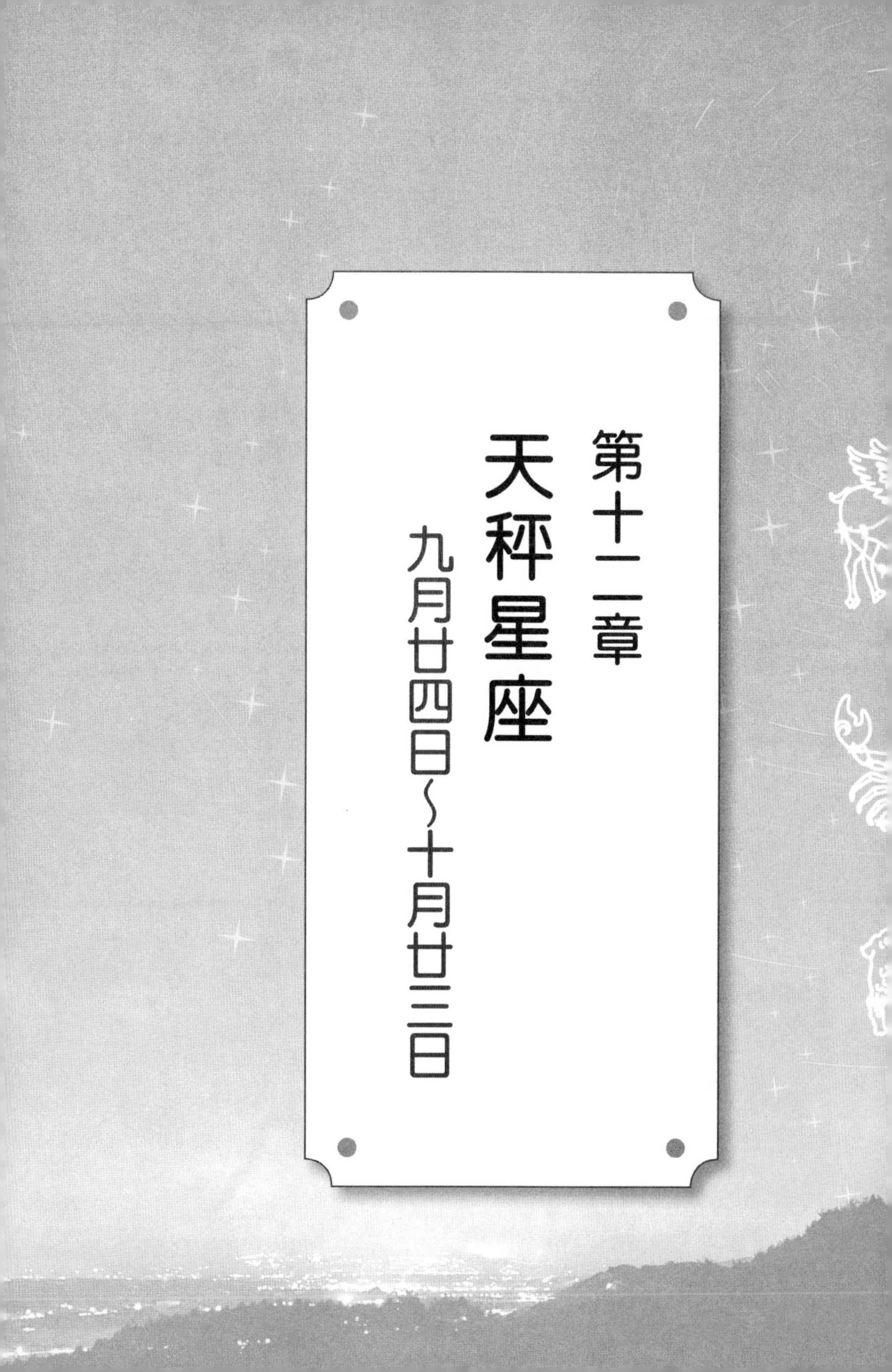

第十二章 天秤星座

九月廿四日～十月廿三日

天秤星座相當於辰宮壽星，包括著「角宿」、「几宿」，以及初交卯官之「氏宿」，但由於交淺，所以「氏宿」不列於本宮辰次，唯有陽曆十月十四日至十月廿三日生的人才受到鄰宮星宿星座之影響。

現代占星術相信，東西方占星術俱本占星，故星象一而相似、相同，星座的劃分雖異名，而大致上是相通的。

太陽大約每年九月廿四日至十月廿三日的一個月間，停在天秤星座上。此期間出生的人，受到天秤座和守護星——金星的影響，具有各種不同性格和命運。

此時期是一年中晝夜長短相同的時期，是最涼爽的季節，各種收穫給人們帶來歡喜，是豐收季節。

您的性格中表現著維納斯的美與愛，加上如同天秤那樣均勻的調和性格，和金星具協調性。

第一節　天秤星座的性格

天秤星座相當於辰宮壽星，有一部分辰次被巳宮的「繆宿」佔據了。「繆宿」與西方黃道十二宮之處女宮以前是一致的，處女座土星斯比卡，自白的、有清純感，在五月的夜空中閃爍，在中國的廿八星宿中，是相當於角。

和同一處女座東方的亢並排，由於兩個星座影響壽星出生的人，認為角的二星是東方第一的星宿，「掌理造化萬物，此星光明則為大豐年」。大概是這個主星的清純的光，使人聯想到處女的形象，因此而得名。

總之壽星出生的人，個性非常溫和。舉止穩重，不會輕易的大聲。對藝術有理解力，也有才能。

缺點是過分消極。

如是男性，很會照顧家庭，工作也勤快，但比較保守、內向。不過，雖然內向，但內心卻很堅定，因此不知不覺間，會按自己決定的方針做下去。

如是女性，即使對一位男性發生愛情，卻不容易到達結婚的地步。會先向許多人問意見，或比較、或調查品行……。但決定時，必定會以自己的意志決定。

許多女性都會有非常豐滿的身材，所以從年輕時就會受到男性的追求。但有慎重的性格，因此絕不會做出成為醜聞的事。

如是男性還好，如是女性時，最可怕的就是自己無法抑制的強烈嫉妒。只要丈夫或情人的言行稍有疑點，立刻氣暈了頭，做出失去理智的事，但相反的，平時是非常體貼的。相性是與玄枵生者吻合，對馴服老婆有信心的男性，不妨試試看。

天秤座在夏天夜空可以看到，神話傳說帶著天秤（測量人類正邪用的）升天的女神故事，由於天秤的效力，出生於天秤星座的人，具有正義和公平性格。

他受美和愛的女神維納斯影響，給予美和愛的最高性格。對美、愛的憧憬很大。

天秤座如同它的記號♎所示，保持均衡和愛好公平之心，以及像太陽將沉入水平線下時那種沉靜緩慢的樣子，表現在天秤座的人身上，則是有健全的理性和中庸的理解能力。

管理星的金星，給您帶來高尚的品格和豐富的愛情，使您格外美麗和快樂，加以您自己所具有的美麗和優雅氣質。您用溫和的心情去接待眾人，一視同仁，不分彼此，真心為他人的幸福歡喜，是一種可愛的美德。

一、表現性格

您樂於為他人製造和平，這是您不偏於某一方的調和心理所產生的能力，使競爭的兩方言歸於好的一優良表現。

您不願把心中的祕密和慾望流露出來，節制感情流露，用平靜而自然、優美等方法表現您的心情，那是一種富有理性的表現法，絕不為感情而激動，是冷靜且聰明的方法。

以上係天秤座的人們的優點，他們和其他星座一樣也有其缺點，例如天秤座人，事事都要把它掛在天秤上量量，因此，往往受到周圍狀況或他人的意見所影響，迷惘不知所措，為了保持平衡，害怕他人的破壞，因檢討這個、那個，而把精力消耗殆盡。其次，當您要做一個抉擇時，由於您所渴望的調和心理過強，使您的心中發生迷惑了。像這樣柔弱不安定的性格，會減少您個性之美。

您知道您一個人無法生活下去，但您也不知選擇誰做為您的助手最好。在您周圍的人雖然很多，有男、有女，但您可能在他們之中徬徨了一輩子，仍然不知所措。

為了追求優美、創造更優美和充滿愛情的世界，這種願望才真正是屬於您的。

二、分類性格

天秤座以十天為一區分，可分為三類，各類各有多少的不同之處。

◎第一類（九月廿四日～十月三日）

受到前星座處女座影響，還具有牡羊座性格，增加處女座的純真、潔癖、纖細神經、批評、認真等性格，勇往邁進。

◎第二類（十月四日～十月十三日）

最具有天秤座性格，加上水瓶座性格，特點是進步、自由、友情。

◎第三類（十月十四日～十月廿三日）

受下一星座的天蠍座影響，具有少許的陰性（憂鬱）、冷靜的觀察力和沉靜性格。

第二節　天秤星座的命運趨勢

您的人生是由均衡、調和、美、愛的精神為基礎組成，針對以上的四條件努力，會給您帶來幸運。

人生必須是美的，而您與生俱來為創造美而活在世上。

您的願望是愛他人、和他人合作、使他人快樂，並用您的協調情神、明快的社交能力，把不安定、破亂、不合理的現象，用和平的方法來解決，您具有這種能力，把美的感性和圓滿的理性運用於人生，您的愛人之心、使人喜歡之心，應好好的運用它。

您雖具有社交能力，但您不會過度或沉溺於其中，因您不願走極端。交際多了，誘惑跟著多了，沉溺於遊玩的機會不少，但您不要害怕，可以和各種異性交流，因您的優點會在那些人中，發揮盡致。

您必須時常磨練您的精練的感受能力，提高您的智能。為挽救不穩定、惰怠、沉溺等缺點，您必須積極地改造自己。

第三節 天秤星座的職業與財運

您會獲得人家的好意，和受他人之愛，因此，您選擇職業時都要選擇適合您性格的工作。

具有豐富的協調性格和愛美感受能力的您，越和許多人相處，您的工作越有成就，您適合擔任給予他人美和快樂的工作。

◎您的適宜職業

影歌星、時裝師、美容師、工藝家、作家、畫家、園藝家、房間裝飾家、遊藝場、酒吧、劇場、戲院等。

其次，談談您的財運。天秤星座生者，善於交際，來往的朋友不少，交際費很多，因此，很少有儲蓄機會，您雖然不是大浪費，也不會破壞您的家庭，不過，為了儲蓄，花錢時須儘量節省。

買股票對您相當有利，因您具有投機運。當您在戀愛時，偶然會遇到富婆願意出鉅資，為您開拓事業，算來，您的財運還不錯。

第四節 天秤星座的健康運

您的勻稱體格和調和體質，健康運應是不錯，但您最要注意的是，身體突變和過度疲勞，因它會使您由健康變為病體。由於您善於交際，過度的酒色容易影響您的身體。

暴飲暴食、睡眠不足、過勞都是您健康的敵人。

◎您最易患的病症

腎臟病、糖尿病、腰痛、坐骨神經痛、偏頭痛、婦人病等。

第五節 天秤星座的戀愛和結婚趨勢

被視為維納斯身分的您，善於發揮您的美感和優美姿態，吸引許多人。

對於您，愛是人生中最重要的，假如不能愛他人或被人愛，是等於死的，您的愛表現絕不會過度，也不會受到衝動而胡來，您的戀愛是快樂含有甜美，持中庸態度，不過，隨時都有退出準備。

說好聽一點，您不溺於情，適可而止的戀情；說難聽一點，您的戀愛態度不明朗，具有自私成分。

若從天秤座立場說，那是無可厚非的，因您的看法並非戀愛而是結婚。

而且您還和其他異性做比較和檢討，注重自己的心理平衡感覺，絕不會為戀愛沉溺和焦急而失去自己的興趣，為了達到結婚階段，您必須經過一段時間。

不過，當您看中了一位很合意的對象，認為對方會真心愛您，您也會衷心愛他，那麼，你們是一對最佳伴侶了。

成為一位美麗高尚少婦的妳，丈夫會視妳如寶貝，對於妳的優點誇讚不已，因而使妳變成自私、瞧不起丈夫的太太，但大部分男性對於如此太太，都不加斥責而原諒她。

天秤座的丈夫，把太太的愛視為自己專有時間，服務非常周到，但當愛情由熱轉冷時，您善交際的性格，使太太誤解您移情別戀，那就危險了。

做為丈夫的您，性能力不強，但做為太太的天秤座的妳，性生活相當理想，您的先生對妳相當滿意。

第六節　天秤星座和其他星座的結合

一、和雙子座的結合（大吉）

天秤座的您，具有協調、和平精神，和雙子座的機智、多才多藝、能言善辯的性格，都能合得來，為預防您的平凡性格，使您的生活有變化，發揮個性之美，雙子座的人對於您是不可或缺的人物。

雙子座的兩個矛盾性格，無法獲得協調時，會招來不安的動搖，此時需要您發揮「協調」能力，為他的性格平衡，助一臂之力。

至於您的消極態度，可由雙子座的開朗、幽默生活中獲得補救，你們兩人生活是相輔相成，相當理想的一對。

角相是一百二十度，相性不錯，同屬於風宮，理想配合。

二、和水瓶座的結合（大吉）

水瓶座的人具有良好的自由、進步和上進、同胞愛和友情，天秤座的您，對他一定會產生好感情。

水瓶座的人，生活方式重視老實、率直、追逐理想，缺點是好惡較強，不通融。但他的心地是善良單純，這可由您的圓滿、中庸人格去補救他。

水瓶座的人，喜歡淡泊的夫婦生活，天秤座的您，性生活也是消極的，都在等候對方的積極態度，你們要互相留意，把消極改為積極才好。

假如，對方過度堅持己見，性格過於暴躁，將來分裂和離別的可能性很大。這是必須事先考慮的。

角相是一百二十度，相性不錯，和水瓶座同屬於風宮，這是您的好對象。

三、和天秤座結合（大吉）

同屬於天秤座的同志，性格與興趣都相似，相性良好，優點、缺點都相似，易於發現出來，優的加以保持，劣的予以改進。

例如「協調」的性格，過度的協調往往會產生平凡、單調、枯燥乏味的生活。因此，有時需要徹底改變生活方式和作風，您有沒有這種決心和能力？

若能去除這種缺點，你們是一對理想的伴侶了。

角相是零度，兩人的性格具有雙重效力。

你們兩人，設法做同樣工作，則你們可以獲得物質和精神雙方面的利益。

四、和牡羊座的結合（吉凶參半）

你們的性格剛巧相反，是兩個極端。

牡羊座的人，上進心很強、勇敢、具有戰鬥力，天秤座的您，性格溫和、有點迷惘，從您的眼中看牡羊座的人，確實偉大。

對方是牡羊座的人，性格激烈，向理想邁進不退，不顧慮周圍，往往使您為他的猛進捏把冷汗。

但是，牡羊座的人，對您也有很多好處，他對於您的躊躇不前，會強烈地帶著您走，因為您雖然明白何事是好、是壞，但您害怕做事不公平和過激而失去機會，做的事不能徹底。如果，您和牡羊座的人結合，他會帶著您過積極生活，享受人生樂趣的。

角相是一百八十度，吉和凶看條件而定，和屬於火宮的牡羊座的相性不錯。

五、和獅子座的結合（吉）

您的對手獅子座，性格開朗、熱情洋溢，天秤座的您對美的感受能力很強，憧憬美和快樂的生活，並追求和平、幸福，獅子座的人在您的眼裡的確是很可靠的人物。

獅子座的人是大好人物，視他人的歡喜如同自己，給予他人無限希望，他的偉大和為人服務的精神，給您熱力和安慰。

獅子座的人，喜歡站在人家面前表演一番，接受人們的讚賞，為了大出風頭，不惜任何艱苦和努力。這種性格一旦過度，往往會變成丑角型的滑稽人物。您如果願意幫助他、擔任他的配角，可能會助他成功。

角相是六十度，是好的相性，獅子座屬於火宮，和您是好的配對。

六、和射手座的結合（吉）

和您比較一下，射手座的人是性情率直、突進型的人，你們可以過著活潑、有趣的生活。他的機智、自由奔放，以及積極地前進的實行力，也許會對您的保守型生活感覺不滿意。

求知慾望很強，不拘生活小節的射手座人的眼界很大，他的目標大都放在廣大世界中，您如何去調整他的生活是一個很大的問題。而且射手座人，時常更換他的熱中事物，趣味多采多姿。總之，做為對象是很忙、有點無所適從的人物。不過，射手座的人非常樂天派，說話赤裸裸地不加修飾，不客氣，並且稚氣未脫。

您和他配合，必須先知道他的個性和很多矛盾的性格。您必須以賢明和可愛的態度去對付他，操縱他的生活不脫節才是。

角相是六十度，相性好，射手座是屬於火宮，和您是好的配對。

七、和魔羯座的結合（凶）

魔羯座的人屬於陰性，性格憂鬱，堅實樸素型的為多。這種性格，和您的天秤座的性格──愛和平、開朗、調和，對他人親切、視他人之喜如同自己之喜，性格上相差太遠了。

魔羯座的人忍耐力強，步步為營，是他的優點，但無法和他人開懷談心，過著孤獨生活的他，使做為他的對象的您感覺很難過。

活潑、富有社交術的您，和責任感很強、誠實的魔羯座的人，有時需要您很大讓步。不過，在您的眼中，魔羯座的人很少能發揮他的優點，大都會暴露他的缺點──憂鬱、心腸不好、故意為難他人、不通融等。

角相是九十度，相性不佳。

八、和巨蟹座的結合（凶）

天秤座的您，和女性型、重情緒、羅曼蒂克性格的巨蟹座人合不來。例如感覺力敏銳的巨蟹座，容易把喜怒流露出來，雖然他的適應力很強，但本能意識更強，防衛性格，會使您難以對付。

具有母性型的溫和性格，和愛好家庭的巨蟹座的人，如果，您好好接受他，雙方就平安無事，但當您覺得他過度操勞雜事，忘記您時，您會覺得厭煩、難堪。這一來你們的步調就亂了，雙方很容易發生破裂。

對於子女教育，巨蟹座的媽媽過於熱心，一再要求孩子讀書，很留意子女讀書成績，但過度要求，往往會招來反效果，使子女退縮不前，天秤座的您，對於這種作風極力反對。

總之，對於任何事情，您必須對他的性情方面加深理解，因為他是建立家庭的名手，你們必須注意使雙方的生活步調調和。

角相是九十度，相性不佳。

九、和金牛座的結合（普通）

您所希望的調和公平性格，和金牛座的人所希望的和平、圓滿性格大致相同。您愛好美感、使他人喜歡的性格，和金牛座所希望的愛和美的世界，你們的願望有一脈相通之處。因此，你們是一對相稱的配對。

不過，金牛座的人有點麻煩，一點小事也要追根究底，這對您有點吃不消。金牛座的人做事堅實，和富有理智、重自由的您，性格上不大適合，您給人的印象是精練，對方是手腳不靈活、遲鈍型的。但您必須認定金牛座的人富有常識、做事認真，你們才能過著平安的生活。

十、和處女座的結合（普通）

處女座的人神經質，感受性很敏銳，天秤座的您比較冷靜，處事態度公平，有點難以相合。例如，站在人家面前，處女座的人會緊張不已，不知所措，您對於他的如此態度會覺得很不自然，但您絕不能把您的心情變化流露出來，持著平靜態度的您，看到處女座的潔癖也會覺得有點神經質。

您對於平凡不太重視，只要氣氛調和、平衡就滿意了。處女座的人對於每一個事情都很費心、不馬虎，他的這種作風，會使您心情無法安定。不過處女座的他，愛清潔、態度謙虛，是感傷型、溫和人物，都是他的魅力和優點。

十一、和天蠍座的結合（普通）

天蠍座人具有神祕魅力，外型樸實，但內心具有強烈魄力和敏銳的觀察力，他的愛並非暫時性，而是很徹底的熱情型。

假如您真的愛他，那麼，他是值得您愛的對象，因他的熱情，幾乎會把您燃燒殆盡，當他的烈火向您發射時，您幾乎有招架不住之感。但是，您喜歡調和氣氛，對於天蠍座的笨手笨腳、不太斯文的態度，總會覺得美中不足。

天蠍座的人應多持開朗態度，儘量和您多說話，積極地表現優點，您就不會再怪他的性格了。

十二、和雙魚座的結合（普通）

雙魚座的人，是愛幻想和作夢的羅曼蒂克人物，常把您視為神話中的白馬王子或公主，這對您總不是壞事。

不過，您的這位公主型的對象，您會發現她是一位品格很高、稚氣未脫的人，使您不得不應付她，當她向您撒嬌時，您要好好地對付她。

對他人的不幸，不會視若無睹，天秤座的人需要發揮他的包容力和對他人親切的服務精神，對於像雙魚座這樣的人，您所具有的聰明和伶俐會使雙魚座的人感激。但是，一遇到如同妖精型的雙魚座人的魅力，以及本能型慾望，天秤座的您，的確有點難以應付。

第七節　天秤星座幸福幸運年齡

男性天秤星座生者，大抵於三十三歲為最幸福。女性天秤星座生者，大抵在二十七歲為最幸福。不論男性、女性，凡逢申子辰之年皆為幸運之流年。

第十三章

天蠍星座

十月廿四日～十一月廿二日

天蠍星座相當於卯宮大火，廿八星宿中，氐、房、心三個星座對此時出生的人發生作用。在黃道十二宮是相當於天秤座中央的氐，房與心暖在蠍座內。

所謂大火是指天蠍座的d星，在史書有「螢惑犯心」，就是當螢惑（火星）迫近心宿時，認為皇帝身上發生異變。在秦始皇約三十六年，就有天文上出現這種形態，翌年秦始皇就去世的記載。

夏至之後，此星在陰曆六月在南天中央，七月底向下後西流。

在李白的詩裡，也常以「大火之流」表示接近秋天。

房宿在蠍座之頭部，認為此星座明亮時，政治開明，王者興隆。

心宿正如其別名喜多宿，有財運和物運。氐宿也有福運，所以大火出生的人是很幸運。不過容易遇到火難或強盜難，應多加注意。

每年的十月廿四日至十一月廿二日，約一個月間，太陽停在天蠍星座上，在此期間出生的人，受到天蠍星座和其附屬星——冥王星的影響，具有各種不同性格。

此時期樹葉由綠變黃，易失去生活能力，開始進入休眠期，因此，此時期出生的人，性格上含有一點祕密之影，隱藏著伶俐的觀察力。

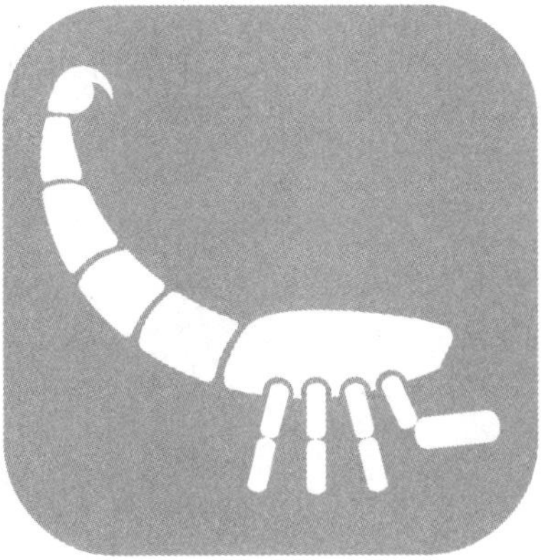

又具有暗示蠍子毒性的奇怪、陰性魅力，此星座的管理星——冥王星在離太陽最遙遠的地方。象徵夜的世界，給予您走人生內側的強烈性格。

第一節 天蠍星座的性格

大火d這個紅色一等星所具有的氣質，使這個月出生的人很熱情，易動感情。

男性的獨立心旺盛，也富有向上心，所以能獲得很好的社會地位。又很英俊，會受到同性的怨恨或嫉妒，可以說敵人也多。

另外就是為了達到目的，有過分盲目衝動的缺點。由於這種性格，往往會選錯結婚對象，因此男性在三十歲後結婚，可能獲得幸福的家庭。

在女性裡，有很多人是易動感情。也有人說是外遇型，但實際上，愛的過分熱情，冷卻時冷的也快，才有這種說法。

不分男女在床上都極熱情，找房子時應選擇寬大一些，相性方面是和鶉首生的人最合適。

天蠍座是孟夏的晚上可以看到的星座，主要是安達萊斯呈現紅色光輝，擁有十多個小星，形成蠍子形態。

天蠍座的記號♏，象徵著可怖的蠍蟲醜惡姿態，有一說是象徵陰部的毛。表示天蠍座的性格充滿神祕和陰沉。

另一方面，您受到冥王星的管理，受冥界之神PLUTO的影響，這裡所謂的冥界，等於佛教的地獄，和您有密切關係的冥王星，在離地球最遙遠的另一個世界，它是一個很神祕的星，因此，您的性格中接受著它的神祕。

四區分是屬於水宮，表示流動、情緒、敏感、纖細的性格，若以三區分則屬於不動宮，表示意志堅固、保守、獨佔慾很強。

一、表現性格

您的性格與其他星座不同，站在陰暗地方，匿藏著自己的身體，祕密地貯藏著您的熱情，發揮不可思議的魅力。在人們所不知的地方，探求人類的變革，熱烈地觀察著生與死的基本觀念，並加以追求。

您不會散發熱情，所有的熱情在心中燃燒著，因此，外觀您是一位樸素、溫和的人，其實，您的氣質激烈，具有堅強信念和集中力。做事有毅力，遇到難題不願隨便放棄，而要慢慢地研究對策，冷靜地處理它。

您的敏銳感受能力和熱烈的研究心，使您對於所有疑問，例如生和死的意義等等，都要追查到底。您的研究不限於事物外觀，更進一步研究隱藏在事物內側的祕密，您要用哲學、科學之力，去探求人類靈魂的祕密。

您不太把感情流露出來，因此，很少和他人發生爭執，不過，您不會那麼單純、脆弱地事事聽人家頤使，如果，他人過度欺侮您，您的忍耐是有限度的，一旦超過限度，您的感情會因而爆發、大發雷霆。如果把您視為敵人，那麼，您會變得有如蛇蠍，使對方退避三舍。

您對於相反的概念，例如生與死、精神與物質（肉體）、自己與他人、過去和未來等特感興趣，非把它追究到底不罷休。

二、分類性格

出生於天蠍座的人，以十天為一種類，分為三類。

◎第一類（十月廿四日～十一月二日）

受前星座天秤座、金牛座的性格影響，加上開朗陽性性格，因此，為人和藹，重規人情和物質，憧憬美好的生活。

◎第二類（十一月三日～十一月十二日）

標準的天蠍座性格。並受海王星的影響，具有空想、順應，加上二元性，變成複雜的性格。

◎第三類（十一月十三日～十一月廿二日）

受下一星座射手座性格影響，並受到巨蟹座影響，具有勇往前進的實行力，有豐富的情緒。

第二節　天蠍星座的命運趨勢

天蠍座的人，探求在神祕中移動的變化，回溯過去，接觸其真實，分析現在，追求基本源的道理。您具有如同磨得很利的刀劍那樣敏銳的感覺，和不受任何阻礙所迷惑的沉著精神，您要追求它、脫離它，做進一步的發展。

您具有捨舊求新的命運。

您會突然獲得一筆龐大的遺產，因為您遇到父親之死，使您得一筆財產，這並不是您的意志，是您受到他人意志所支配的命運上的變化。

您對性的興趣比他人強一倍，您希望知道人體所有祕密和有實驗性的可能範圍，而且您的作風是守密、興趣盎然的。

您必須注意的是，不把祕密主義強加於他人，必須努力使其解脫，不可沉默，並要知道表現效用。因為經過練習，您的說話能力也會進步的。

您具有集中式破壞力，以轟轟烈烈的激動心情對付他人，這需要您三省吾身之處，因為受到您的攻擊的人，大都會一敗塗地，無法東山再起。

第三節　天蠍星座的職業和財運

天蠍座的您，態度沉著、具有敏銳的觀察力，因此，選擇職業時，應好好運用上述優點。

而且對事物感覺，大都注意其外觀，忍耐力強，做事態度持久不變，對於您所喜歡的事，都能很關注地發揮能力，尤其對於新工作，您更能積極地燃燒您的熱力去促使其成功。

經過您的判斷，認為有價值的，您再也不聽他人的意見，用您的信念去完成它。

但是，您不善言，不會說阿諛的話，因而所受的損失不少，因此，工作上，凡是需要接待客人的工作，均不適合您。

而且您不適合做短時間決定勝負的工作，必須長期慢慢做的工作才適合您，為使人家認識您的廣告宣傳，您不善於做。總之，您並不是懂「處世術」的人物。

◎您的適宜職業

外科、牙科以及其他科的醫生、烹飪業、餐館、金屬機械製造業，以及科學家、精神病醫生、心理學家、信託公司調查員、刑警、運動家、軍人等。

現在談您的財運。您有遺產運，突然從大富豪或偉大人物處獲得一筆鉅額遺產或地位。假如您獲得如此龐大的財產，最好勿拿去投資，應聽他人意見好好地保存您的財產。

第四節　天蠍星座的健康運

天蠍座的您不善於表現自己，但是您充滿自信，因您的身體很健康，耐久力很強，很少會被病痛所困擾，在很不利的條件下，您仍能保持健康。

關於性方面，您特別發達，能力特強，因此，您在這方面容易發生危險。因性能力強，往往使您過勞、性生活過度，這都是需要注意的。

◎您最易患的病症

性器官方面疾病、泌尿系統疾病，婦女則為婦人病，其他還有心臟病、循環器官障礙、耳鼻喉疾病等。

第五節 天蠍星座的戀愛和結婚趨勢

天蠍座的人，對於戀愛是神祕而熱情的。

您用敏銳的感受能力觀察對方的心理，為了確信他的愛，需要費相當時間，但當您一旦確信了對方的愛情，則您的熱情會變得如火一般，追求雙方所需要的美滿生活。

對於他具有魄力的熱情，使您不敢隨便應付他。天蠍座的人是具有如此深度祕密的。

和其他星座完全不同性格的您，性慾方面很強烈，您對於性行為的看法是認真、不隨便，沒有輕薄、遊戲的成分。

天蠍座的男女，做為丈夫是勇敢的：做為太太是可愛的人妻，具有魅力的女性。夫婦都對於他方的戀愛和多情——移情別戀，恨之入骨。

第六節 天蠍星座和其他星座的結合

一、和巨蟹座的結合（大吉）

巨蟹座人，具有母性情懷，性情溫和。很關心自己的家庭，保持很強的和平氣氛，並具有創造良好家庭的才能，天蠍座的您，具有觀察人類的內心之力，認定巨蟹座的人，性格率直，不虛偽。

他的感受能力很強，稍近於內向性，這可用您沉靜、有毅力的性格來輔助他，同時，您也可從他身上獲得溫情和家庭處理法、生活的智慧，相輔相成，過幸福的生活。

巨蟹座的人，知道如何面對您的熱情，也能回應您的熱愛，並充分信任您，表現他的充足愛情。您不善言語，手腳笨拙，但巨蟹座的他，頭腦清晰伶俐，使你們的生活開朗、堅實。

角相是一百二十度，雙方同屬水宮，相性是好的。

二、和雙魚座的結合（大吉）

雙魚座的優點是服務精神強，愛情永遠新鮮，為人老實，愛憧憬美和夢的生活。

天蠍座的您，對愛情熱心、慎重、追求事物的心理很強，你們可以享受悠然自得的良好生活。但是，雙魚座的人易於動感情、起傷感，常受他人的欺騙而傷心，這是他的弱點，需要您理解他，不過，他的愛好他人、受他人歡迎的性格是您所沒有的優點。

他奉獻純情的愛情很強，用溫和心情包容您。但是，當雙魚座的他，把博愛和犧牲心奉獻他人時，您的自尊和獨佔慾望會發生動搖。您必須學習雙魚座人的優點，博愛、親切、包容方大。

你們兩人能夠永遠保持你們年輕的原因，是雙魚座的他追求夢幻生活、情緒豐富，天蠍座的您追求現實、態度冷靜，雙方都具有優點。

角相是一百二十度，相性不錯，同屬水宮，是良好的配合。

三、和天蠍座的結合（大吉）

同屬於天蠍座的你們，可以發揮你們的優點成兩倍，冷靜、誠實的你們，具有深度感情，絕對不會出賣對方，使雙方過著和平生活。

但是，由於天蠍座的你們，都具有守密和陰性性格，因此，當你們互相發現對方缺點時，勿過度互相指摘。

至於強力的忍耐和強勁作風，本來是很好的，但事事都放在心中，不表達出來，連一句笑話都不說，那就太過於頑固，不易和他人相處了。

假如，你們有絕裂的一天，那是你們各受到相當損害之時，你們必須多做社交活動，預防各種損失，矯正你們的性格。

四、和金牛座的結合（吉凶參半）

金牛座的特性是溫和、善良、愛美和純情，為了達到目的，肯受苦，耐久力很強，您和金牛座結合，除了神祕、陰性外，其他性格大致相同，在許多方面獲得共鳴。您所要求的是沒有內外的誠實，即金牛座的人是合於您要求的對象。

金牛座受到金星的影響，具有創造美、表現美的特性和調和精神，都是金牛座的特點。至於天蠍座的您，探究心理強，對理想愛情、生活改善方面都很關心。你們確實是做事認真的一對。

像金牛座的人因愛好清潔，極力討厭污穢一樣，您的觀察力也會看出對方的說謊和詐騙行為，使金牛座和您的共同缺點都流露出來了。

天蠍座的您，態度冷靜沉穩，但不善於積極表現自己，不過做事很細心，為保持安全，小心翼翼，缺乏泰然自得的心情。由於您倆忍耐力和堅毅不通融的作風，往往會招來惡評，被指為老頑固不通人情的人物。

你們必須注意不把愛和恨赤裸裸地流露出來，勿太為獨佔慾望所驅使。

角相是一百八十度，是有條件的好相性，金牛座屬於地宮，相性不錯。

五、和魔羯座的結合（吉）

孤獨、勤勉、堅實的魔羯座人和您是好的結合。

您的神祕魅力和魔羯座的孤獨魅力，具有不可思議的黏合性，雖然從外觀看不出來，但您倆的結合意外地堅固，守秩序、討厭虛偽的魔羯座的性格，受到您的歡迎，在陰性方面，你們也是相同的一對。

您不善於表現自己，魔羯座思慮過多，耐於禁慾生活，因此，你們在感情交流上，不能算是理想的一對。你們兩人的希望，是設法脫離陰濕憂鬱的氣氛，並製造通融性格。

天蠍座的性生活很強，他充滿熱力、有魄力，魔羯座的緩慢型、慢慢來，花費時間不短，兩人的結合可以說是理想的一對。

六、和處女座的結合（吉）

處女座性格富有理智，感受力纖細，做事小心周到。

在他人面前羞答答、純情、愛夢幻生活的處女座人，在您冷靜、神祕的眼中，映成一種疑問和趣味混合的魅力，愛靜思、沉靜的您，對於處女座的人，易於和他合作、使他安心，你們是好的結合。

處女座的人，愛看書、愛冥想，這也合您的性格，您並對他的敏銳的批評力表示同感，同時，處女座的他處理家事能力又強，是勤勉的人。

天蠍座的人，性生活比其他星座都來得強烈，這必須由您加以調整，指導他。

您和他的相處上，須注意別破壞他的夢幻似的生活，這是您的義務。

七、和水瓶座的結合（凶）

水瓶座的人，是智慧的結晶，關心自由和獨創力，很愛談理論、能言善道，不過，他的主義、主張中有不少空泛處，是無法全部接受的。

水瓶座的人主張人類幸福、社會福利，重視超越個人問題，他為人純真、老實，但是天蠍座人所關心的是探求人類生命並觀察事物的內在、外在兩方面。他可能無法理解您的純潔之愛和純真心情。

您對於他一心一意追求理想至忘我境界，全心全意做他工作的態度，不能表示贊同。而且，你們之間的愛情表現，只停留於友誼程度，無法達到男女間的真情，的確很可惜。原因是因為你們對性的看法、趣味完全不同。

水瓶座的他不會纏著您不放，喜歡冷靜、理智的交際。角相是九十度，相性不佳，你們倆若不充分合作，很難獲得幸福的生活。

八、和獅子座的結合（凶）

您的生活態度是求實，對於獅子座的自大、虛榮、恐嚇他人的作風，為您所不齒，加上獅子座是陽性，天蠍座是陰性，正好相反，表現法雖不同，但其激烈強度是相同的。

獅子座的人開朗、堂堂正正，不求他人協調，但希望獲得他人的讚美，在舞台上，演的是主角，因而必須有良好配角來陪襯他，才能助他成功，可是天蠍座的您，並不是他的良好配角，也不願屈就配角地位，您一定會忍耐著等機會來臨。

獅子座的人做事頗富熱力，可惜脾氣不好，往往會招來失敗，他不會失去王者之風，暫時嚐孤獨的苦酒，可是天蠍座的您沒有那種乾脆作風。您不喜歡熱鬧，行動是樸實而沉穩，焦躁和您無關。

您和獅子座的結合，衝突多、協調少，不會看破、死心，因此，你們分裂的可能性很大。

您並非愛爭執的人物，但當您發怒，不徹底地使對方屈服不罷休，當你們倆一旦發生爭吵，那只有兩敗俱傷的結果。

九、和牡羊座的結合（普通）

牡羊座的強，和您的強性質稍不同。

富有正義感，有勇敢戰鬥力的牡羊座，具有領導人群的充足素質，秉持著向前邁進的姿態，絕不在中途退卻。

天蠍座的您，具有雄壯行動力，爆發集中力之強並不亞於牡羊座，唯一不同處，前者是爽朗、重視速度，您則纏著不放，不達到目的不停手，不信任他人，認為自己的想法最正確，使你們難以達到協調的境地。

性方面，您追求不捨的性格，是牡羊座人所沒有的。偶爾也有激烈的場面，但不能持久。

十、和雙子座的結合（普通有時變凶）

具有雙重性格的雙子座和您的結合是很複雜的。

多才、勇於做多種行動的雙子座的人，精神不安定，為矛盾而煩惱很多，但具有能言和優異的策略，和天蠍座的您，實際很難合得來。您善於內在表現，愛沉默不善言、愛沉靜不活潑，和雙子座的任何個性都無法配合得好。

假如，您能夠從他富有變化的生活中，使您的人生獲得開朗，那麼，您倆也可以適用相輔相成的效果，過幸福的生活。

他雖然具有豐富的才華，但有點神經質，您能否使他過著冷靜的生活？對於男女愛情，雙子座的人不熱烈，原因是他的理性過強。

性生活方面，在相愛中，往往想及其他事，或亂猜對方的心緒，跟不上天蠍座的性生活。

十一、和天秤座的結合（普通）

天秤座是創造愛和美，是聰明、伶俐、可愛的，他在您的眼中是魅力的象徵。

您會從他的那優美、調和的生活中，找出您所沒有的東西而感覺滿意，使您從生活中找回人生的開朗和快樂。

但是天秤座的魅力，能自然地獲得許多朋友，以及群眾的擁護。您必定會因而嫉妒他。

把激烈的愛情收藏在心裡不願顯露出來的您，對於天秤座沒有決斷力的態度，會感覺不滿意而焦躁不已。

十二、和射手座的結合（普通）

射手座的人，開朗、機智、行動活潑、為追求自由而奔波不停，您不便於束縛他的自由。

求知慾望激烈，為開拓新天地，喜歡到各地旅行的射手座人，確實無法使您過著寧靜的生活。

他的行為在您看來，是新鮮、富有魅力，使您的內心發生動搖，希望把他佔為己有而焦急，但因他的變化速度很快，往往使您的希望落空。

您的忍耐力很強，有精力，應慢慢地等候他，應用您的包容力以包含他令您一喜一憂的個性。

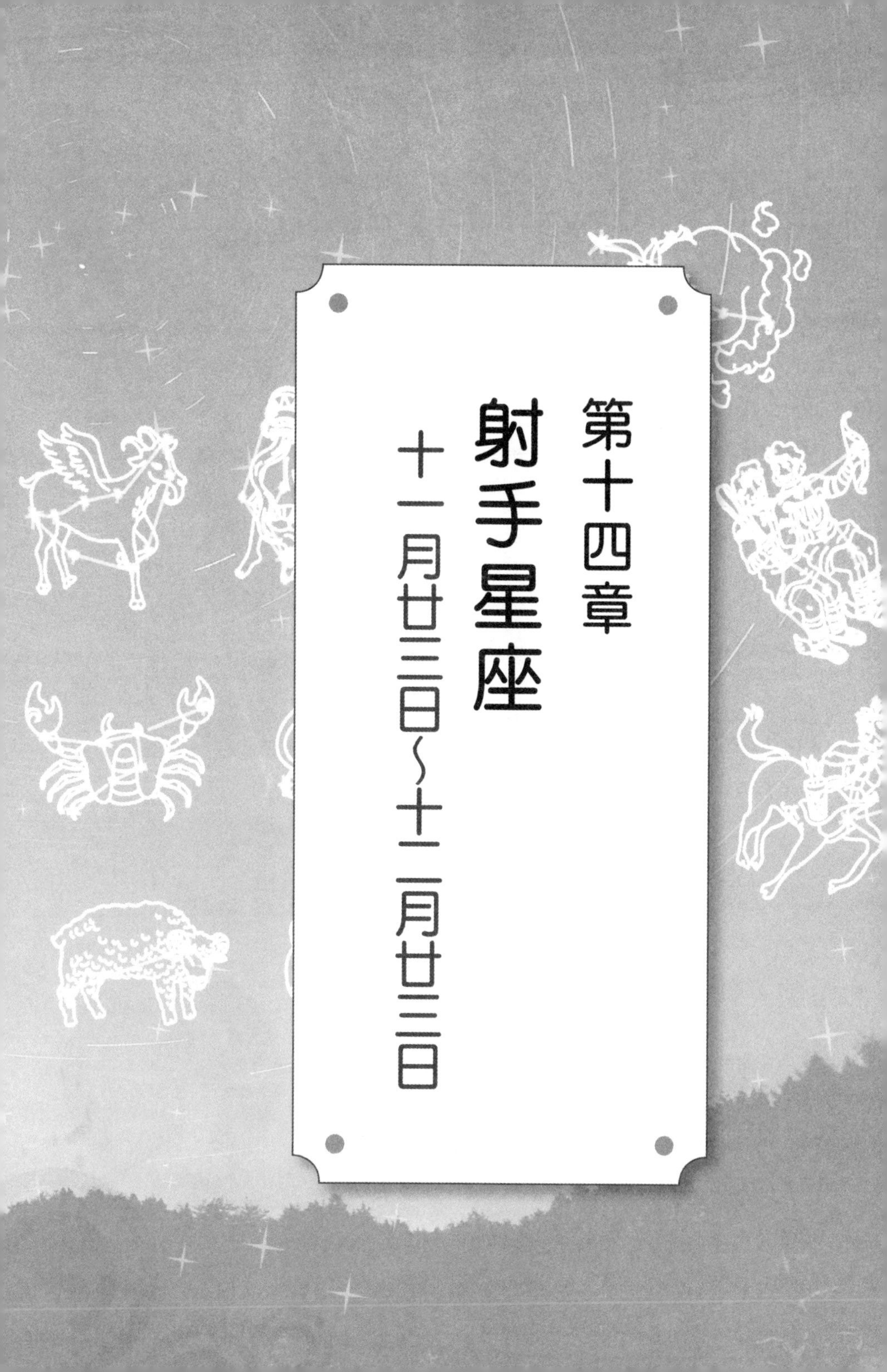

第十四章

射手星座

十一月廿三日～十二月廿三日

CH14
射手星座

射手星座，又稱為人馬星座，相當於寅宮析木，包含了廿八星宿的「尾宿」、「箕宿」。

夏天您會在天空中看到光輝燦爛的大S型星座，也就是天蠍座的尾部，相當於尾宿。古時把它看成青龍，將其一個角按牧夫座的大角星，稱為大角，另一個按處女座的斯比卡斯稱為角。希臘神話中，因獵人奧利安（獵戶座）揚言自己是天下第一的勇者，奧林匹斯就恨他，而神妃放出這一隻蠍子出去。刺奧利安的有毒針的尾巴，就相當於尾宿，箕宿是在射手座的南斗下方成方形張開。

奧利安到現在仍怕蠍子，在這個星座還留在天空中時，就不會出現。這兩個星座相距約一百八十度。

太陽於每年的十一月廿三日至十二月廿二日約一個月間，停留在射手星座上，此期間出生的人，受射手座及木星影響，具有各種性格與不同命運。

此時期迎接冬天寒冷期，生物靜靜地進入冬眠狀態中。您的性格中具有向各種矛盾、自由、正義邁進的本能。您受到管理星——木星的真理、雙重性格的影響，您的性格相當理想，追求最高的、普通的、觀念的憧憬，有理想，並向多方面發展您的才能。

第一節 射手星座的性格

析木出生的人，都有比較好的容貌。

古時，只要尾與箕發出完整的光澤，就認為國家富有，而析木出生的人，可能是包含這兩個星宿，有財運和物質運。可是生來就是羅曼蒂克的人，所以不會運用天賦的命運，過有財富的生活。比物質更願追求羅曼史的愛情，因此也容易失去巨大的財運，這種情形往往是發生在人生的前半段。

關於性方面，不分男女都富有精力，但自己卻不認為很有精力。如是女性就有敏銳的感覺，對性感之追求雖貪婪，但不會僅顧自己的快樂，她是想提高對方的感受，一起享受陶醉的人，服侍精神特別良好。

可是，說起來是屬於較笨的類型，所以對技巧之運用並不熟練。

不分男女在進入三十歲以後，就會有肥胖的趨勢，應避免美食。還有火雞和住宅不安定的相，應多注意。相性方面和降妻出生的人最適合。

射手星座，在晚夏的夜空上由六個星星組成的星座，射手座記號♐係射出的箭型，具有向目標自由邁進的意義。

從「半人半馬」上可以想像得到，它由兩個性格組成，屬於知識方面的是人類，屬於行動方面的是馬匹。

管理星——木星是掌管天界的王，並為人類世界各種法律和秩序的發號施令之神。

木星係多情種子，和天上的許多女神有來往，也和人有過交情，是普遍、真理、正義的象徵，在行動上具有許多矛盾的性格。

射手座的人受到上述性格影響，以真、善、美做為目標，求在自由的精神上生活，是享受自由的樂天派人。

您對他人很親切，用情很深，但您有時也會為情而煩惱，您很重視抽象的事物，對禮節、論理表示嚴格態度。

射手座屬於火宮、柔軟宮，研究性格時值得探究。

一、表現性格

您的性格和行動並不單純，含有許多矛盾，多樣、多面性是您的特殊性格。

您的求知慾很強，熱心地向真理、理想前進，不滿於現實和世俗，不斷注意新知識方面。

不管如何遙遠，都不躊躇地向理想方向邁進。為發現精神上的自由，不辭任何辛苦，求知慾望不斷地如泉源一樣湧出來，您必須親眼去觀察正確的真、善、美，用自己理想去判斷，訴諸您的直觀力。您為了到達此境界，您不惜跑遍全世界。

您的性格中，找不到黑暗、陰濕的部分，性格開朗、親切、快樂，對正義理想好像很有自信，活潑、精神上非常快樂。

您為人率直、衣著整齊、不喜修飾，雖有時言語中也有過火之處，但那是一種矛盾性格的表現。

當您訂下一個目標，行動途中，如果有了一個新觀念搖動您的心，那麼，您也會捨棄您已做到十分之八，將近完成的工作，而向您認為更有價值的目標邁進。您如此大膽的作風，不過是您追求自由精神上的環遊模式罷了。

二、分類性格

射手座根據其生日，以十天為一區分，分為三類，每類各有其細微不同的性格。

◎第一類（十一月廿三日～十二月二日）

受到前天蠍座影響，具有天蠍座性格。並接受少許的雙子座性格，具有少許陰性，觀察力強、肯研究事物真理。

◎第二類（十二月三日～十二月十二日）

最具有射手座性格，但受部分牡羊座影響，個性激烈、勇敢。

◎第三類（十二月十三日～十二月廿二日）

性格受到下一星座魔羯座影響，陰性、樸素、意志堅強、心中具有強烈野心，並接受少許的獅子座性格，愛出風頭，想像力很豐富。

第二節 射手星座的命運趨勢

您的命運來源有二，一是接受射手座的求知、衝動、愛好自由和速度的性格，另一方面受木星影響，具有追求真理、道德、精神、思想、論理、抽象等和真善有關的思想，加上多情的性格，使您的人生多采多姿。

您的人生無法在日常生活中定型，因為您的性格不斷向前進展著，假如您的家庭經濟很富裕，您也不願坐享其成、安居在家中，因您不耐於家庭中的現實問題。

您關心的是更大的價值和新知識，為了達到您的目的，不惜花鉅資去環遊世界。

您向人生坦途邁進，不走歧路，而能達到目的地，的確是非常偉大的，但人生行動不一定那麼單純，有時也會無法上軌道，使您變成迷途羔羊，無法到達目的地，但是您並不氣餒，仍會繼續前進，發揮人生崇高的境界。

總之，您接受了偉大的天資，您別浪費您的良好資質，好好利用您的機智和才能，過有意義的人生。

第三節　射手星座的職業與財運

射手座的人，重視理性和自由，強烈反對被強迫和發展機會很少的工作。您富有機智、多才，並持有衝動個性。

您討厭住在狹小的世界裡，愛站在廣大的世界去考慮、判斷、行動、不拘小節。視個人問題不如社會問題，社會的不如世界的重要。

您追求有價值的事物，並付諸行動，因此，為運用您的優點，您必須找有深度、有意義、有價值的工作，如此，才能發展您的鴻圖。

您不適合擔任粗俗不堪、千篇一律式的單調工作，當您找到有價值、適合您個性的工作，您的事業才有發展之日。

◎您的適宜職業

才能、智慧特優的您，擔任一些無關緊要的工作是智慧的浪費，只要能夠發揮您才能的工作，就有成功希望。

例如研究學問、教育界、文化界、政治、外交、一般公務員、司法官等，尚有作家、美術家，以及旅行、研究、翻譯等等工作都適宜。

其次是金錢運（財運）。

您很認真做事，不願蟄居在家裡。認真做事的人不會為金錢所困，可惜，您不善於積蓄。因此，用錢難免有浪費之嫌。

不過，您只要積極地做事，收入隨之而多，財運會光顧您。假如有必要，花一些錢在所不惜，有時買一些股票也無不可，因您有一點投機運。

愛自由的您，絕不會成為守財奴，而且聰明的您，對物件價值估計能力很強，絕不會損失無謂金錢。

第四節　射手星座的健康運

您是個大忙人，消耗體力的熱量比他人多一倍，新陳代謝很活潑。下面列出須注意的兩個要點。

第一，多攝取高單位卡路里物質，預防缺少卡路里。第二，開放精神，多去遊山玩水，使心曠神怡。

◎您最易患的病症

肝臟疾病和呼吸器官疾病最多，還有神經痛等病症也要注意。以上都是過勞和怕冷之因。飲酒須適量。別亂消耗體力，是保護您身體的最佳方法。

第五節　射手星座的戀愛和結婚趨勢

簡單地說，射手座是標準的自由人，求真理、追快樂、自由開放，而且追求的是廣泛多方面的。

戀愛方面，平凡型的不是他所喜歡的，都要由自己製造多種快樂氣氛。射手座的人絕不會使戀愛的對方感覺寂寞。

有時，會覺得很快樂，有時消沉不進，有時是淑女型，有時也會變成十三點型少女，形形色色的。

他們的外觀很多情，他（她）們對對方都很忠實，沒有計較成分，純正地追求理想。

此星座的男性是發展家，暢遊過各地，性格開朗的人，做為戀愛對象，的確是有趣。

至於已婚的男性，對大太很好，不過，對其他女性也很親切，在公、私兩方面，他不願靜靜地坐著，因此，做為他的妻子，必須對他有所諒解，不然心中就無法過安寧日子。

做為太太的射手座婦女，對愛情交流很積極，是幸福的。

性方面，男女都很熱心，而且適應能力也很強。

第六節　射手星座和其他星座的結合

一、和牡羊座的結合（大吉）

射手座的您做事機警、敏捷，愛好自由、理想生活。牡羊座的人，富有正義感，向上心理很強，邁進不退，攻擊力強，您倆的性格有不少共鳴之處。

假如，您的目標是正確，那麼，牡羊座就是您的良好共鳴者，支持您的人，他做為您的伴侶是最適合的對象，你們的結合可以過最有意義的生活。

角相是一百二十度，雙方都屬於火宮，相性很好。

二、和獅子座的結合（大吉）

獅子座的人，開朗、光明正大、有威嚴、對他人親切、熱情、愛給他人希望，受到許多人稱讚，雖然有時也會發一點小脾氣、為矛盾而煩惱，但他都是用溫暖心情容忍他人。

當您抱著坦然的心情，向自由翱翔時，獅子座的人會指示您應走的正確方向，因此，獅子座是您難得的對象。

您可能獲得他的寬容、溫暖和安慰，您一向不願閉居家中，獅子座的人是您的最佳支持者。

角相是一百二十度，並同屬於火宮，相性是很好的。

三、和射手座的結合（大吉）

同屬於射手座的你們，互相的優點加倍，是好的結合。你們強而有力的個性，會使你們生活更加活潑，使您倆隨心所欲，去做遊歷各地的旅行，增加生活樂趣和經驗。

您倆的優點不少，但也有不少缺點，例如多心、多慾、易衝動、有時很沉穩，但有時也會慌張不知所措，因性格過於率直，有時也會發表一些自私的言論而自鳴得意等，因你們都有相同缺點，最好別互相指摘，以免大傷和氣。

總之，您倆不太會為個人問題而煩惱，和其他家庭不同，你們具有獨特優點。

四、和天秤座的結合（吉）

您的對手——天秤座人，富有美的感覺和溫和的感情，他會帶給他人歡喜、愛好公平、調和性格，可以緩和您的雙重性格的矛盾。

射手座的人，戀愛積極熱情，雖然有些衝動、多情之嫌，但經過天秤座的溫和、自然愛的律動，使你們的愛情持久不變，變成一對快樂的配偶，而且天秤座的平凡生活，可由您多采多姿的生活調整過來。

天秤座的他喜歡和他人相處，射手座的您，事事都表示關心。因此，你們都很忙碌，如果，對於生活細節都要用心去管，那麼，你們就要疲於奔命了。「處之泰然」是你們最佳的「座右銘」。

角相是六十度，相性不錯。

五、和水瓶座的結合（吉）

水瓶座的人以自由和進步為生活目標，射手座的您也是憧憬自由生活，因此都是性格相似的一對，您對於他的率直、為人老實表示好感，並對於他的思想自由和獨創表示贊同和共鳴。

你們都討厭那些平凡、單調的生活，不服從壓迫，重視理想和廣大世界，你們意見相同，你們的生活新潮而進步。

角相是六十度，相性不錯。

六、和雙子座的結合（吉）

雙子座的人具有社交能力、學問、藝術和其他各種才能。射手座的您，同樣腦力很強，具有向上能力、做事積極，性格很相似，是好的對象。但是，雙子座的人，易受環境影響，而且為了找機會往往會失去行動能力，變成沉思和囉嗦的人。

雙子座的人只會談理智的戀愛，沒有熱情的戀愛，也會使您失望。他的二元性的性格和行動，和您的不大安定的生活結合時，以及映入您眼中的他的「多才、善交」，您都認為那是多餘、不切實際的作風，表示異議。

角相是一百八十度，有條件的好相性。

七、和雙魚座的結合（凶）

雙魚座的人，愛夢幻生活，情緒的成分很重。這種性格和您的重視實際行動作風則相反。而且，雙魚座的人在現實生活上，格外自私，自視甚高，不向人認輸，有時也會氣惱不堪，因為嬌氣甚重，使您無法應付。

不過當看到他人的不幸時，他就無法緘默，都會出一臂之力去幫助他人。雙魚座的人，有熱情和內向的兩種性格，影響你們的關係甚大。

角相是九十度，相性不佳。

八、和處女座的結合（凶）

處女座的人感受能力敏銳、神經纖細，和您的個性相差很多，您的強力個性，直進型性格、消極態度，性格上差異太大了，您雖然不討厭感傷型、可愛的處女座，但她的純真，和您的多情、衝動、性急的愛情表現法，卻是不能相稱。

角相是九十度，相性不佳。

九、和金牛座的結合（普通）

金牛座的人，溫順、和平、愛美、熱心於照顧自己，為人嚴格、不辭辛苦。您的性格率直、活潑、行動機警敏捷，兩人的性格大不相同。

在勤勉、神經纖細的金牛座人眼中，您是缺乏沉著，過於重視理智的人物。您對金牛座的那種纏住不放的態度也表示厭惡。

十、和巨蟹座的結合（普通）

巨蟹座的性格，具有母性愛、情緒豐富、感受能力敏銳，強烈地表現好惡，他愛好和平家庭的生活，做為一家主婦，內助之功不可沒。

他（她）們雖有適應環境的能力，但另一方面，脾氣不太好，名譽心重，當他的名聲受打擊時，其反抗力很大，把心中所想到的都要一一付諸行動。的確是名副其實的「女性型」。

十一、和天蠍座的結合（普通）

首先感覺到的是陰性的天蠍座和陽性的射手座的您，結合很難。天蠍座人的特性，愛守祕密，具有冷靜、看透對方的能力，探求事物、戀愛、性方面都絕對站在獨佔地位，要求對方的忠誠和節操，情慾是激烈無比的。如果，您想和他配合，不是易事，您實在不耐煩他的脾氣，和他結合使您厭惡到想跑至另一個世界裡去。

您喜歡更快樂的另一個世界，而且您的性生活是積極、開放的，但天蠍座的性，極強而有力。感情雖不同，但能力都是很相似的。

十二、和魔羯座的結合（普通）

魔羯座的優點是做事認真，步步為營，陰沉愛孤單，做事慎重正確，有負責精神，在您的眼中，他是一位無趣、頑固、不好相處的人物。

不過，他是能幹的人物，有常識、堅實地守護家庭的人。假如您希望的是幸福，不過度強烈的愛情，那麼，你們的幸福家庭將會來臨。

第七節　射手星座的幸福幸運年齡

男性射手星座生者，大抵以二十四歲、三十歲最幸福。女性射手星座生者，大抵以二十一歲、二十七歲最幸福。不論男性、女性，射手星座生者，凡遇寅午戌之流年皆為幸運之年。

後語

占星術在中、西方若有相同溝通之處，但由於我們對於天文星象的知識瞭解的太少，對於占星術的源流無從考據，甚至連西洋神話賦予每一星座的傳說故事也知道的太少，因此只能勉強就手邊可以找到的幾本譯本，以為整理、編輯成書。

筆者在編撰本書時，心中總是想像著，在人類還沒有發現海王星、天王星、冥王星的時候，西洋早已有此三神祇的傳說，原來的占星術已經運用在日月五神及此三神推計星曜對於人類宿命的影響，直到後來才逐一發現此三行星，而分別依神話命名為海王、天王、冥王，莫名其妙的使占星使用的神祇與未知的星象吻合，不免產生占星術發明者的困惑。

到底是怎樣高等智慧的人類發明了占星術呢？

中國古代占星是否與西洋占星術同出一系呢？

中國稍後之占星術在什麼時候受到西方占星術之影響呢？

很久很久以前，是否曾經有過極高度的文明發生過呢？是不是人類正在重新發現古代失落的文明呢？

許多困惑縈繫於心而無法排遣，回觀占星一術雖然形同紙上談兵、閉門造車，但以其中又蘊含著無限玄奧與令人驚訝的準確，終於又產生了紛亂的思緒——

天文星象真的影響人類的宿命嗎？

宿命既然天定，卻未見同年、月、日、時出生的人發生完全相同的兩個命例，又如何可以證據生死有命呢？

忽然想起了火車交會的數學邏輯問題：

一、假定兩列火車俱長一百五十公尺，以著相同的每小時一百二十公里相對行駛，那麼火車將產生什麼樣的交會情形呢？

二、以數學推考，自兩列火車頭相並而至車尾分離，則交會的長度成為兩百公尺，而火車之秒速為三十三又三分之一公尺，兩車以相同速度交錯而分開，則須歷時四點五秒。

三、假使置身於其一列車之中，則兩火車雖然交會，對於置身之人而言，則其所感覺火車交會時間，僅為數學思考之半，只有二點二五秒的時間而已！

由於交錯問題的不同思考，是否可以引伸為命理之觀測與占驗的思考呢？

假使這樣的比喻恰當且可以觸類引伸，那麼占星術與任何命理的觀測研判，就好像以數學來推考火車的交會，其交會的距離長而時間多，但是宿命的占驗則若置身於列車中而有實際感覺，其感覺只是相對的列車長度及通過的時間而已！

那麼，不論天文星象是否能夠影響人類宿命，即使確定「生死有命，富貴在天」，對於命理及占星術之研判及實際人生，亦必然發生某種程度的差別，甚至於您雖置身於列車之上，您並不一定注意到列車的交會，或者您剛好睡著了而未感覺火車的交會，豈不是暗示了「我思故我在」，「我在故我思」的人生哲理嗎？

本此胡思幻想，命理即或如神，吉凶好壞必不能更改，唯其以自我心態而發生感覺之不同，並非（火車交會）事項本體之改變，為什麼總是常聽見：「命運能否改造？」的疑問呢？

又譬如，科學發現海王、天王、冥王三星而附會神話以為命名，並不表示人類很久以前就已經確知有此三行星存在，只是因為有其思想，用心去尋找，果然發現而為命名——這是不是暗示任何一個人，因為心中先有吉凶富貴，因循此一不自知的吉凶、富貴的潛意識或有意識而行為，終於發生了吉凶富貴徵兆呢？

假想，命理俱以人類秉性之性格而推演，那麼其所可產生之行為及結果，純粹只是一種或然。而非必然，因此不妨下一個結論——

命理，為命運或然現象之參考。

命理，為人格修養之參考。

命運，為人格秉性表現於言行之結果。

「江山易改，秉性難移」，所以命理依據性格推演而或然準驗，如果日常三省，時常反省，性格能夠移易，則命理不能相對或然應數，必然不驗矣！

命運可以改造，操之在我，唯人自招而已矣！

中國五術教育協會副理事長

黃恆堉 著作

學八字，這本最好用

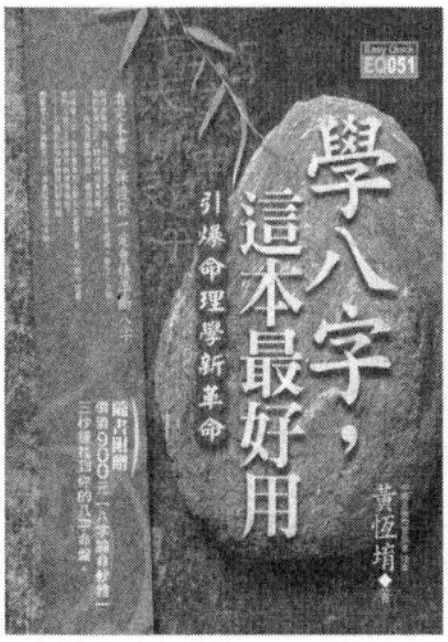

定價：300 元

（附八字論命光碟）

看完本書，保證你一定會精準斷八字。

學姓名學，這本最好用

定價：320 元

（附光碟）

保證一分鐘得知姓名吉凶!!附贈價值 2000 元電腦軟體。

學數字斷吉凶，這本最好用

定價：320 元

(附數字斷吉凶光碟)

史上最容易上手，最實用的命理書只要看懂中文字，隨時隨地都能上手。

初學手相，這本最好用

定價：300 元

（附光碟）

彩色圖文整合解說，附贈超值光碟論命軟體，一本就搞定紛亂複雜的掌紋秘密。

黃恆堉

◎吉祥坊易經開運中心負責人

◎右成企管顧問有限公司負責人

◎中國五術教育協會理事兼學術講師

◎中華風水命相學會學術講師

◎智盛國際公關有限公司專任講師

◎永春不動產加盟總部陽宅講師兼顧問

◎中華眞愛生命關懷協會常務理事

◎美國南加州理工大學 MBA（研究中）

◎國際行銷大學企業行銷班講師

◎中小學、大專、社團全腦開發兼任講師

◎緯來電視台天外有天粗鹽開運節目老師

◎大學社團、讀書會、命理與人際關係養成講師

◎各大壽險公司，命理行銷專題講師（1000个場）

◎扶輪社、獅子會、青商會、婦女會等社團命理講座

◎中信、住商、太平洋、信義房屋、面相陽宅開運法講師

◎著有：學姓名學，這本最好用

學八字，這本最好用

八字論命軟體一套

數字論吉凶隨查手冊一本

十二生肖姓名學 VCD 一套

開運名片教學 VCD 一套

開運印鑑教學 VCD 一套

奇門遁甲流手冊及軟体一套

心想事成開運法 VCD 一套

手相速查手冊彩色版一本

周易道玄養生堂負責人

黃輝石 著作

活學妙用易經 64 卦

定價：350 元

中國古老智慧，一生必讀經典。

活學活用生活易經

定價：260 元

輕鬆霑濡《易經》的博大精深。

學會易經・占卜的第一本書

定價：300 元

易經占卜最權威，最暢銷的一本書，引領您輕鬆進入易經占卜的世界。

黃輝石

◎祖籍台灣嘉義朴子，一九五八年生。

◎東方工專工管科畢業、中華道教學院研究生。

◎現任周易道玄養生堂負責人、中華道教學院易經講師、中華道教學院校友會第二屆會長。

◎早年興趣頗爲廣泛，研究過堪輿、紫微、八字、姓名學、奇門遁甲、六壬神式、手面相、道教神學、易經卜卦等。

◎人生志願：希望能研究出一套簡捷的方法，讓易經生活化。

亞洲最大命理網站「占卜大觀園」命理總顧問

陳哲毅 著作

學面相學的第一本書

定價：250 元

圖文搭配解說，讓您輕鬆學會面相學。

學會手相學的第一本書 2（事業、感情篇）

定價：250 元

按圖索驥，一分鐘告訴你愛情、事業運。

學會手相學的第一本書（基礎入門篇）

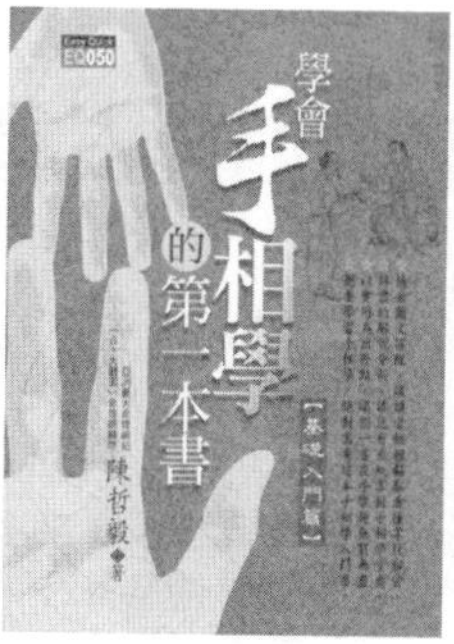

定價：250 元

精采圖文搭配，讓讀者輕輕鬆鬆看懂掌紋秘密。

第一次學面相學就做對

定價：250 元

最完整詳盡的解說，讓您有系統掌握面相學堂奧。

陳哲毅

◎亞洲最大個人命理資料庫網站「占卜大觀園」命理總顧問。

◎淡江大學、華梵大學、萬能技術學院等校易學研究社指導老師。

◎中華民國九十二年十大傑出命理金像獎。

◎曾任中國河洛理數易經學會理事長、日本高島易斷總本部學術顧問。

◎現任中華聯合五術團體總會會長、中國擇日師學會理事長、中華五術社團聯盟總會會長、大成報專欄作家。

◎著有《學梅花易數，這本最好用》《第一次學手相學就學會——事業感情篇》《第一次學手相學就學會——基礎入門篇》《第一次學面相學就學會》《學會面相學的第一本書》《姓名學開館的第一本書》《陳哲毅姓名學講堂》《學習姓名學的第一本書》《陳哲毅教您取好名開福運》等 70 餘種。

國家圖書館出版品預行編目資料

大師教你西洋占星術／乾坤子著
－－第一版－－ 台北市：知青頻道出版；
紅螞蟻圖書發行，2009.07
面　　公分－－(大師系列；12)
ISBN 978-986-6643-80-4 (精裝)

1.占星術

229.22　　98010189

大師系列 12
大師教你西洋占星術
作　　者／乾坤子
校　　對／周英嬌、楊安妮、朱慧蒨
發 行 人／賴秀珍
榮譽總監／張錦基
總 編 輯／何南輝
出　　版／知青頻道出版有限公司
發　　行／紅螞蟻圖書有限公司
地　　址／台北市內湖區舊宗路二段121巷28號4F
網　　站／ www.e-redant.com
郵撥帳號／1604621-1 紅螞蟻圖書有限公司
電　　話／(02)2795-3656（代表號）
傳　　眞／(02)2795-4100
登 記 證／局版北市業字第796號
數位閱聽／ www.onlinebook.com
港澳總經銷／和平圖書有限公司
地　　址／香港柴灣嘉業街12號百樂門大廈17F
電　　話／(852)2804-6687
新馬總經銷／諾文文化事業私人有限公司
新 加 坡／ TEL:(65)6462-6141　FAX:(65)6469-4043
馬來西亞／ TEL:(603)9179-6333　FAX:(603)9179-6060
法律顧問／許晏賓律師
印 刷 廠／鴻運彩色印刷有限公司
出版日期／2009年 7 月　第一版第一刷

定價 320 元　港幣 107 元

ISBN 978-986-6643-80-4　　Printed in Taiwan